LA

PROPRIÉTÉ LITTÉRAIRE

LA

PROPRIÉTÉ LITTÉRAIRE

EN FRANCE ET A L'ÉTRANGER

SON HISTOIRE — SA LÉGISLATION

SUIVIE DES

CONVENTIONS INTERNATIONALES

Conclues jusqu'à ce jour avec les principaux États de l'Europe

PAR

ROBERT LE BARROIS D'ORGEVAL

DOCTEUR EN DROIT

PARIS

E. DENTU
LIBRAIRE-ÉDITEUR
Galerie d'Orléans, 19 (Palais Royal)

Ernest THORIN
LIBRAIRE-ÉDITEUR
Boulevard Saint-Michel, 58

1868

LA

PROPRIÉTÉ LITTÉRAIRE

NOTIONS PRÉLIMINAIRES

Il est peu de questions juridiques auxquelles la contestation se soit attachée avec plus d'opiniâtreté qu'à celle de la propriété littéraire, et qui, malgré les lois nouvelles, malgré les savantes discussions soulevées par ces lois, malgré l'autorité des hommes dont le jugement sur un pareil sujet aurait dû être un jugement définitif, aient donné lieu à des opinions aussi diamétralement opposées, en matière de définition du moins. Par une de ces bizarreries que l'on voudrait sans doute imputer à l'insuffisance de notre langue, tous les légistes, tous les philosophes, tous les écrivains, sont convenus d'appeler propriété littéraire ce droit, quelque amoindri qu'on l'entende, d'un auteur sur sa pensée et sur la forme qu'il lui plaît de lui donner ; et c'est la propriété que l'on vient révoquer en doute ! Ce même mot, que l'on trouve bon comme qualification, on le rejette comme droit !

Les idées, disent les adversaires de la propriété littéraire, sont le réservoir commun auquel chacun vient puiser et faire un emprunt qu'il rendra de suite à la société. Mais le réservoir commun, ce sont les lettres de l'alphabet; ce sont même, je l'accorde, les idées de justice et de morale que Dieu a mises dans le cœur des hommes; la personnalité de l'auteur d'un traité de morale, de l'auteur d'un code français, en existe-t-elle moins? Non, et le réservoir commun serait bien pauvre si quelques intelligences, quelques génies n'étaient venus successivement l'augmenter et le rendre inépuisable. Non, la propriété littéraire a été bien et justement qualifiée de propriété, parce qu'elle est de toutes la plus belle, la plus grande, la plus élevée, puisqu'elle est la mère de la liberté, en même temps qu'elle en est la conséquence. La propriété littéraire doit être une propriété, parce qu'elle prend sa source dans le travail; elle doit être une propriété, parce que, s'il en était autrement, elle n'enfanterait que le désordre; elle doit être enfin une propriété, parce que lui refuser ce caractère serait se mettre en contradiction avec tous les principes qui régissent notre législation, dont le libéralisme n'est compatible qu'avec une parfaite indépendance littéraire.

La propriété littéraire doit être une propriété, parce qu'elle prend sa source dans le travail : mon intention n'est pas de plaider ici la cause de la propriété qui, à mon sens, est un dogme, dont la contestation n'est plus possible de nos jours. En effet, chez tous les peuples, quelque grossiers qu'ils soient, on trouve la propriété comme un fait d'abord, puis comme une idée, idée plus ou moins claire suivant le degré de civilisation auquel ils sont parvenus, mais toujours invariablement arrêtée et, enfin, je le répète, comme un dogme! Or la propriété quelle est son origine, quel est son fondement, quelle est aussi sa mesure et sa limite? Le travail, et c'est là le plus grand bienfait de l'organisation actuelle de notre société qui, par l'éducation, met dans les mains de chaque individu un capital égal, auquel son travail fera rendre des revenus inégaux. Si le travail doit être (et il le sera, du reste, un jour, grâce aux progrès de notre civilisation moderne) la source de toute propriété, combien à plus forte raison est-il aussi la source de la propriété littéraire! L'auteur est propriétaire de son idée, ceci est incontestable, et les ennemis de la propriété littéraire eux-mêmes n'ont jamais songé à porter une main sacrilége sur un droit aussi légitime. Mais quelle est la nature de sa propriété? C'est sur cette question, que nous traiterons plus tard, que portent toutes les divergences d'opinions. Ce que j'ai hâte d'affirmer avant de pénétrer dans le vif de la question, c'est que c'est une propriété transmissible, parce qu'elle a sa source dans le travail et que, je ne dirai pas seulement dans la propriété littéraire, mais encore dans toute espèce de propriété issue du travail, la transmission est une condition indispensable. C'est le stimulant donné au travail, et la refuser, c'est diminuer le produit, c'est en tarir la source, c'est, en un mot, décourager la partie laborieuse de l'humanité, qui ne s'arrêtera que trop tôt du jour où elle saura qu'elle ne travaille que pour elle.

Oui, le travail avec transmission de ses produits peut être infini; mais le travail qui ne rapportera qu'à l'auteur, l'œuvre que l'artisan mourant n'aura pas la consolation de léguer à ses enfants comme souvenir de sa prévoyance et de sa sollicitude, cette œuvre-là sera fatalement circonscrite et bornée, parce qu'il lui aura manqué le plus doux des encouragements, celui de transmettre aux siens.

La propriété littéraire est donc une propriété, parce qu'elle prend sa source dans le travail et comme telle elle est transmissible. Jusqu'à quel degré et pendant combien de temps? C'est là l'objet d'opinions contradictoires que nous nous réservons d'examiner lorsque nous étudierons les lois qui ont régi successivement cette matière.

La propriété littéraire doit être une propriété, parce que, s'il en était autrement, elle n'enfanterait que le désordre. Dans l'exposé historique qui suit, nous montrerons que du seizième au dix-huitième siècle un grand nombre d'ordonnances des rois avaient en vue d'empêcher la contrefaçon, et les priviléges que concédaient ces ordonnances aux imprimeurs et aux libraires n'avaient d'autre but que de garantir leurs droits, sorte de propriété de librairie qui ne se métamorphosera en propriété littéraire qu'avec les idées nouvelles. J'établirai plus affirmativement le rapport qui existe entre le monopole des libraires sous nos rois et le monopole de la propriété littéraire : c'est le célèbre mémoire de Louis d'Héricourt qui me servira de trait d'union entre ces deux questions. Mais la nécessité où se sont trouvés les rois dans le moyen âge de concéder, dès la découverte de l'imprimerie, des priviléges aux libraires, me sert d'argument pour prouver que du jour o[illegible] droit des auteurs ne serait pas une propriété, ce dro[illegible] enfanterait que le désordre. C'est, en effet, pour obvier [illegible] désordre que François Ier et ses successeurs assurérent à un libraire le privilége de telle ou telle publication pendant un temps plus ou moins long, et déjà nous trouvons dans ces ordonnances le caractère des lois promulguées de nos jours sur la propriété littéraire. Il n'y a pas de perpétuité, mais il y a cependant un droit temporaire reconnu sous le nom de *privilége* : ceci est une question de terminologie et tient à l'esprit absolu et despotique de ce temps. Mais il y a réellement droit, et il y a droit, parce qu'il y a propriété, droit, je le repète, reconnu sous le nom de privilége, mais dérivant d'un fait matériel et qu'il fallait entourer de toutes les garanties d'exploitation désirables. En effet, que se passait-il à cette époque? Les auteurs se contentaient de mettre au jour leurs productions, dont ils abandonnaient le profit à l'imprimeur moyennant une faible rétribution. Cet objet matériel dont un libraire s'était rendu acquéreur, si tous les autres libraires qui n'avaient rien payé à l'auteur avaient pu le vendre, il y aurait eu désordre résultant d'une inégalité; il y aurait eu désordre résultant d'une fraude; il y aurait eu désordre, en un mot, parce qu'il y aurait eu là une propriété dépourvue des garanties les plus naturelles et les plus ordinaires. Je n'ai donc pas tort de dire que la propriété littéraire contestée en tant que propriété, que le droit de publication permis à tous, que ce communisme, en un mot, en matière d'une exploitation qui doit être personnelle, enfanterait le désordre. Ce même désordre eût existé sous les anciennes monarchies si les rois n'avaient pris soin de garantir aux libraires éditeurs des priviléges qui, tout en étant la sauvegarde de leurs intérêts, donnaient naissance en même temps à un grand nombre de publications.

Pourquoi la loi a-t-elle exagéré les précautions dont elle entoure la propriété au point de créer même des fictions? Pour éviter le désordre. Pourquoi l'inventeur peut-il prendre des brevets qui lui assurent l'exploitation de sa découverte, si ce n'est pour poursuivre les contrefaçons, et par suite pour éviter le désordre? Pourquoi même la personne qui trouve par hasard un trésor le partage-t-elle avec le propriétaire du fonds, si ce n'est encore pour éviter le désordre, qui serait là, comme partout, le résultat infaillible d'un communisme immoral et impraticable?

La propriété littéraire, c'est donc le travail, c'est aussi l'ordre, nous venons de tenter de le prouver; c'est enfin la liberté.

La propriété littéraire doit être une propriété, parce que lui refuser ce caractère serait se mettre en contradiction avec les principes qui régissent la législation actuelle.

Dans le rapport qui précède le décret du 10 juillet 1793, décret resté longtemps la loi de la propriété littéraire, Lakanal a dit : « Si quelque chose peut étonner, c'est qu'il ait fallu reconnaître cette propriété; c'est qu'une aussi grande révolution que la nôtre ait été nécessaire pour nous ramener sur ce point comme sur tant d'autres aux simples éléments de la justice la plus commune. » Il semblait, en effet, que ce fût à cette révolution amenée elle-même par le triomphe de la pensée qu'appartînt le rôle de reconnaître le droit des hommes qui cultivent le domaine de la pensée, et Lakanal a eu raison de dire que la révolution a été nécessaire pour ramener sur ce point aux éléments de la justice la plus commune, en mettant un terme à la piraterie littéraire.

Il est libéral, disent les adversaires de la propriété littéraire que l'œuvre d'un seul devienne la jouissance de tous, et il est glorieux de travailler pour la société. Mais l'œuvre d'un seul ne deviendrait-elle pas la jouissance de tous ? Quel est l'auteur qui se refusera à se faire imprimer? Quel est le détenteur d'un capital qui ne cherchera pas à en tirer tous les fruits que ce capital est susceptible de produire? Mais en quoi la société jouira-t-elle moins d'une œuvre, parce que l'auteur sera remunéré de son labeur et de son génie, et depuis quand l'accroissement du bien-être général s'obtient-il au prix de l'anéantissement des droits de chacun? Non, il ne faut pas s'y tromper : le vrai libéralisme, c'est la reconnaissance et la sauvegarde de tous les droits, de tous les intérêts et, par suite, l'encouragement au travail. C'est ce libéralisme qui n'a pas voulu confondre jurandes, priviléges, immunités, toutes les exceptions en un mot avec héritages, donations, créations, c'est-à-dire avec toutes les sources naturelles ou civiles, mais semblables et égales pour tous d'un droit qui est la base et le fondement de toute société. Telles furent les idées qui inspirèrent les législateurs lors de la Révolution. L'Assemblée constituante se trouva en présence des *priviléges* littéraires : ce mot seul à un tel moment devait en faire poursuivre l'abolition. Il n'en fut rien; il semblait qu'on ne s'arrêtât pas à une question de terminologie et que, derrière ce nom odieux et proscrit, on reconnût un droit nécessaire, utile, qu'il fallait même respecter jusqu'à plus ample révision législative de la matière. Une loi importante ne tarde pas à être votée (17 juillet 1793) (1), qui eut la pré-

(1) Nous l'examinerons dans le chapitre suivant.

tention d'apporter aux auteurs la consécration de leur propriété. Je dis la prétention, parce qu'elle ne reconnaît de droit exclusif aux héritiers ou cessionnaires de l'auteur que pendant dix ans, ce qui est, à mon sens, un terme trop court. Mais au moins elle se prononça comme elle devait le faire à une telle époque quant à la nature du droit, en affirmant que ce n'est plus un privilége arbitrairement concédé par l'administration soit au libraire, soit à l'auteur selon le hasard ou le caprice, mais bien un droit résultant désormais de la loi même, reposant exclusivement sur le travail de l'auteur, n'appartenant plus qu'à celui-ci ou à ses ayants cause, et *étant une propriété.*

Je ne voudrais pas prolonger davantage ces considérations morales et j'ai hâte d'entrer dans le côté pratique de la question. Je tenais à montrer à quel ordre d'argumentation j'avais cédé en acceptant avec une profonde conviction ce principe : la propriété littéraire est une propriété. Oui, elle est une propriété, parce qu'elle naît du travail et qu'elle le stimule; elle est une propriété, parce que le contraire serait le désordre; elle est une propriété, parce qu'elle est conforme aux principes qui doivent régir notre législation.

EXPOSÉ HISTORIQUE

La propriété dite *propriété littéraire* est plutôt de droit moderne ; il n'est pas étonnant qu'antérieurement à la découverte de l'imprimerie elle n'eût pas été mise en question ; ce n'est pas que l'on ait attendu cette découverte pour penser et écrire ; mais les copies faites à la main étaient naturellement d'un nombre fort restreint et bien peu de personnes se trouvaient en état ou de les acheter ou de les lire. Alors florissaient les *Mécènes*, protecteurs zélés de la littérature, qui lui ont rendu de grands services, mais aussi qui l'ont plongée dans une dépendance et même une servilité dont elle a eu bien de la peine à se relever. Dans le droit romain, cependant si riche et si complet, nous ne trouvons aucune loi qui, de près ou de loin, ait trait à cette matière. Dans le moyen âge, l'art et le commerce des copies prirent bien quelques notables accroissements ; mais encore ne fut-ce que dans l'intérieur des couvents, et la Bibliothèque du roi ne se composait que d'un nombre assez restreint de volumes (1) quand eut lieu la découverte de l'imprimerie.

---

(1) Environ neuf cents.

A cette époque de sorcellerie et de superstitions il est aisé de se faire une idée de l'impression terrible produite par cette découverte « *qui semble estre plus divine qu'humaine,* » dit le roi Louis XII, et que son prédécesseur dut prendre sous sa protection toute spéciale, tant elle était en proie aux attaques de l'Université et du Parlement, qui la combattaient comme œuvre de sorcier. Avec l'imprimerie et les changements radicaux qu'elle apporte dans la publication des œuvres de l'esprit, va naître ce droit qui tendra à s'affirmer tous les jours davantage, à mesure qu'elle prendra une plus grande extension et que l'instruction aura accru le nombre des artisans de la pensée.

Le premier ouvrage connu a été imprimé en 1457, c'est le *Psautier de Mayence*, et dès 1457, 1488 et 1513, de grands avantages sont faits par lettres patentes aux imprimeurs. A la date de 1513, le 9 avril, par une déclaration donnée à Blois, Louis XII exempta solennellement « les vingt-quatre libraires, les deux relieurs, les deux enlumineurs, les deux écrivains jurez en ladite Université de toute contribution d'octroi, d'impôt, d'aides, de tailles, de gabelles ; donna tout droit de circulation à leurs ouvrages, et déclara devoir se montrer sévère envers les fermiers de péages et impositions foraines, lesquels, par leur avarice, malice ou autrement, indument s'efforcent par chacun jour contraindre à tort à payer péage, etc. »

Il est aisé de voir l'impression qu'avait produite l'invention de l'imprimerie par les avantages qu'accordaient les souverains aux libraires. Cette déclaration a une très-grande importance par l'essor qu'elle donne à l'imprimerie. Les priviléges, eux aussi, dans un autre ordre d'idées, ont contribué puissamment aux progrès de cette admirable invention ; il nous sera facile de le prouver quand nous les étudierons spécialement ; mais auparavant il nous faut parcourir quelques édits de restriction dont les rigueurs croissantes nous montrent encore tout le cas que faisait la royauté de l'imprimerie par les inquiétudes que lui causa cette facilité de publier et de répandre ses opinions. C'est ainsi que nous verrons interdire tel sujet, puis tel autre, jusqu'à ce que la pensée étant complétement enchaînée, aucun ouvrage ne pût être publié ni mis en circulation sans qu'une autorisation spéciale eût été accordée par l'autorité compétente. Privilége ou permission d'imprimer, ces deux mots se trouvent là confondus, et ils l'étaient le plus souvent, parce que le privilége ne naissait que de l'autorisation d'imprimer, dont il était même la consécration ; mais le privilége pouvait ne pas exister et la permission d'imprimer était indispensable : il était l'avantage dérivant de la règle. Nous verrons que d'Héricourt le premier comprit qu'il y avait là une distinction à établir.

Le 2 mars 1535 le Parlement rendit un arrêt qui défendait à tous imprimeurs et libraires de mettre en vente aucun livre de médecine s'il n'a été visité par trois docteurs, sous peine de confiscation. Le 11 décembre 1547, édit qui défend d'imprimer ou vendre aucun livre concernant l'Écriture sainte, s'il n'a été vu et examiné par la faculté de théologie. Le 27 juin 1551, quatrième ordonnance de Henri II contre les luthériens, ordonnance qui, suivant l'expression de l'abbé Montgaillard, « n'est pas la dernière de ce règne, la continuation du précédent en matière d'intolérance religieuse. » Cette ordonnance n'est qu'une addition à l'édit de Fontainebleau de 1547, pour renouveler aux imprimeurs la défense de n'avoir aucun livre défendu en leur possession, lesquels livres aient été réprouvés par la censure et le jugement de la faculté de théologie. En 1566, c'est la fameuse ordonnance de Moulins, dont les articles 77 et 78 défendent expressément « de faire aucun écrit diffamatoire et convicieux contre l'honneur et la renommée des personnes, déclarant ces dits scripteurs et imprimeurs infracteurs de paix, et perturbateurs du repos public, et voulant qu'ils soient punis comme tels. »

En 1570, l'édit du 4 octobre renouvelle les défenses d'imprimer aucun livre s'il n'a été censuré par la faculté de théologie et permet même « aux docteurs de théologie de faire la recherche et visitation des maisons de librairie. « L'édit de Gaillon, de 1571, nous montre que le nombre des libraires *jurez* ne s'est pas accru depuis 1513; ce sont toujours les vingt-quatre libraires (1), dont deux d'entre eux sont élus pour un an, afin de veiller qu'il ne s'imprime aucun livre ou libelle diffamatoire ou hérétique. Cet édit comprend même une disposition assez bizarre qui fixe le prix des livres classiques : les livres latins ne devront pas se vendre plus de trois deniers tournois et les grecs plus de six deniers tournois. La déclaration du 11 mai 1612 n'est pas sans importance : elle punit des peines les plus sévères les imprimeurs qui publient des ouvrages sans nom d'auteur. C'est donc la responsabilité qu'il s'agit d'engager, et la responsabilité n'est-ce pas la propriété ? Signalons

(1) En 1764 l'ordonnance du 16 septembre nous montre que le nombre des imprimeurs est fixé à trente-six.

en parcourant cette série d'ordonnances, celle de février 1620, qui est la fondation de l'Imprimerie impériale; elle constitue Nurel et Mettayer imprimeurs du roi. Le 25 janvier 1649, arrêt du Parlement qui défend à tous imprimeurs, libraires, relieurs, colporteurs, d'imprimer, débiter ni exposer en vente aucun libelle ni autres écrits concernant les affaires publiques sans que le nom de l'auteur et celui de l'imprimeur y soient, et ce, sous les peines les plus sévères.

J'ai qualifié plus haut ces édits d'édits de restriction, le mot n'est plus suffisant pour désigner ceux moins anciens. C'est que la royauté, en augmentant tous les jours son territoire, a développé en même temps ce despotisme qui s'est trouvé être là le lendemain fatal d'une unité de trop fraîche date. La déclaration du 12 mai 1717 se plaint de ce que les amendes fussent trop légères, les peines trop douces, et double le tout; et nous arrivons à celle du 16 avril 1757, dont je demande la permission de citer une partie :

« Louis, etc... L'attention continuelle que nous de-
» vons apporter à maintenir l'ordre et la tranquillité
» publique et réprimer tout ce qui peut la troubler, ne
» nous permet pas de souffrir la licence effrénée des
» écrits qui se répandent dans notre royaume et qui
» tendent à attaquer la religion, à émouvoir les esprits
» et à donner atteinte à notre autorité.

» Art. 1er. Tous ceux qui seront convaincus d'avoir
» composé, fait composer ou imprimer des écrits ten-
» dant à attaquer la religion, à émouvoir les esprits et
» à donner atteinte à notre autorité, à troubler l'ordre
» et la tranquillité de nos États, seront PUNIS DE MORT;

» également ceux qui auraient imprimé lesdits ou-
» vrages, les libraires, colporteurs et autres personnes
» qui les auraient répandus dans le public. »

Voilà, je crois, le dernier mot du plus cruel despotisme. Nous sommes loin de la déclaration de 1513 qui assurait le droit de circulation à tous les ouvrages, et qui exemptait libraires et escrivains de toute contribution d'octroi, d'impôt, etc. Enfin, l'ordonnance de 1749 défend d'étalager les livres prohibés, et celle du 28 avril 1764 s'applique spécialement à tous ouvrages ou projets concernant la réforme ou administration des finances. Je crois inutile de prolonger cette énumération d'ordonnances qui ne servent qu'à prouver à quel degré la pensée était esclave ; mais avant d'aborder la question des priviléges, il importait de les dégager de toute idée d'interdictions génériques, et de ne pas confondre les mesures prises contre la contrefaçon qui sont la garantie du privilége, avec celles prises contre la liberté de la plume, qui étaient alors la prétendue garantie de l'autorité royale.

On a beaucoup médit de ces priviléges ; ils ont été diversement appréciés suivant qu'on s'est placé au point de vue des nécessités de l'époque, ou qu'on ne s'est arrêté qu'à une question de terminologie. Tout en reconnaissant qu'ils sont devenus parfois une arme trop puissante dans les mains de l'autorité, que leur prorogation surtout a amené des abus, il est néanmoins incontestable qu'au début de l'imprimerie, ils ont été une nécessité, une condition même de progrès et de civilisation.

Les priviléges, d'ailleurs, n'ont pas été particuliers à

la France, il semble au contraire qu'on les ait reçus d'Italie, et, en Angleterre, en Allemagne et par toute l'Europe, ce fut ainsi que l'on protégea le droit des auteurs. Leur forme nous est familière, il suffit d'ouvrir un livre imprimé en France avant la Révolution pour trouver avant la fin du volume les « *Lettres du Roi* adressées : *à nos amés et féaux conseillers, les gens tenant nos cours de parlement..... et autres nos justiciers*, et qui font *défenses à tous libraires et imprimeurs, et autres personnes de quelque qualité qu'elles soient, d'introduire aucune impression étrangère* (c'est-à-dire contrefaçon) *dans aucun lieu de notre obéissance.* »

Il est aisé de montrer la nécessité indispensable des priviléges : un éditeur n'entreprenait pas la publication d'un ouvrage sans s'exposer à des frais considérables ; c'était la composition typographique qu'il fallait préparer péniblement, corriger avec intelligence et science; c'était le nombre considérable d'exemplaires qu'il fallait tirer à grands frais et d'avance, dont chacun cependant devait se vendre.

Or, que pouvait-il advenir ? C'est que l'éditeur, redoutant la concurrence, qui à ce moment était la ruine pour lui, se serait abstenu, si les rois, protecteurs naturels du progrès, et ne voulant pas laisser retomber dans l'oubli cette admirable invention, ne leur eussent concédé des priviléges, c'est-à-dire des monopoles de publication, des garanties contre la concurrence. Forts de ces priviléges, les éditeurs osèrent imprimer : la publicité se fit, le nombre des livres s'accrut et surtout le nombre des lecteurs augmenta au point que les libraires ne coururent plus les mêmes risques. Les frais d'impression eux-mêmes devinrent moins grands, ce qui diminua l'importance des sacrifices des éditeurs, et peu à peu leur personnalité tendit à disparaître pour faire place à celle de l'auteur. Mais, examinons quelques privilèges : le premier qui fut donné en France est daté du 4 mars 1516 ; il est de François Ier. Déjà Venise, Milan, Rome en avaient concédé plusieurs. Celui du 4 mars 1516 est donné pour trois ans à un sieur Jean de Lagarde, libraire privé de l'Université de Paris, à l'effet d'imprimer *les Coutumes de France*, et « en interdisant de ne imprimer ledit livre jusqu'à » trois ans, sous peine de leur marchandises, confis- » cation d'icelle et d'amende arbitraire. »

En 1652, le Parlement de Toulouse en concéda un pour deux ans seulement, mais qui n'en attira pas moins la reconnaissance de l'éditeur, jusqu'à lui inspirer un rondeau en l'honneur des deux commissaires du Parlement chargés de la délivrance des priviléges.

Une question d'une grande importance ne tarda pas à surgir, celle de la durée des priviléges. Les rois n'accordaient jamais que des priviléges temporaires ; or, le délai du privilége échu, que devait-il se passer ? L'ouvrage pouvait-il être librement réimprimé, ou au contraire un nouveau privilége pouvait-il être obtenu soit par le libraire précédemment privilégié, ce qui eût été une continuation de privilége, soit par un autre qui lui serait substitué ? Et de même, un livre déjà imprimé soit en France sans privilége, soit en pays étranger, ne devait-il pas être réputé de libre disposition, ou était-il encore susceptible de privilége ? Cette question a été débattue pendant longtemps et a donné lieu à bien des controverses. Il n'y avait cependant qu'une distinction à faire, et cette distinction, il faut aller jusqu'au mémoire de Louis d'Héricourt (1725) pour la trouver, parce que la propriété littéraire est le seul moyen de résoudre la question. Ou il s'agit des ouvrages d'auteurs anciens, ou il s'agit des ouvrages d'auteurs vivants. Pour les auteurs anciens, qu'une première publication soit encouragée par un privilége d'une durée déterminée, soit; mais cette publication une fois faite, le privilége n'a plus aucune raison d'être, il n'est qu'une faveur injustement concédée à un seul au préjudice de tous. Quant aux ouvrages des auteurs contemporains, la question est toute dans l'interprétation de la propriété littéraire et de sa durée. Voilà la seule manière de démêler la question, et d'Héricourt l'a bien comprise ainsi en prenant pour argumentation l'affirmation des droits de l'auteur. Mais voyons d'abord le chaos qui a précédé son remarquable mémoire. L'esprit des arrêts du Parlement sur ce sujet est de n'établir de distinction qu'entre les éditions augmentées et celles qui ne le sont pas. Peu importe que les ouvrages soient modernes ou anciens, les auteurs morts ou vivants : un ouvrage qui a fait l'objet d'un privilége ne pourra plus jouir d'un nouveau quand le terme sera une fois échu, à moins que le concessionnaire du privilége ne le réédite avec des suppléments ou des modifications de nature à constituer un tout autre ouvrage. Le premier arrêt du Parlement de Paris relatif aux prolongations de privilége est daté de 1578. Il ne fait aucune distinction entre les auteurs anciens et les auteurs nouveaux, et il prohibe toute prolongation de priviléges, à moins qu'il n'y ait augmentation dans le texte de l'ouvrage. Un autre arrêt du 3 avril 1579, rendu sur les conclusions de Barnabé Brisson, décide qu'on ne peut obtenir privilége pour des livres qui ont été déjà imprimés. Le 15 mars 1586, un arrêt du même Parlement annule un privilége de six ans accordé pour la publication d'un *Sénèque annoté par Muret*, parce que cet ouvrage avait été précédemment imprimé sans privilége. Le 5 mai 1617, c'est encore la consécration du même principe. Les deux premières parties du fameux roman de l'*Astrée*, par Honoré d'Urfé, avaient d'abord fait l'objet d'une publication; puis l'auteur voulut y ajouter une troisième partie : l'éditeur obtint alors et un privilége pour la troisième partie et une continuation de privilége pour les deux premières. Sur les réclamations des libraires de Paris, le Parlement annula la continuation de privilége pour ce qui concernait les deux parties déjà publiées et maintint le privilége pour la troisième.

Ainsi, je ne saurais trop m'expliquer clairement sur cette question des priviléges, peu connue à cette époque de la fin du XVIe et du commencement du XVIIe siècle. Voici quels étaient les errements de l'autorité : pas de distinction entre les auteurs; presque toujours on garantissait des priviléges aux éditeurs d'un ouvrage imprimé pour la première fois, et on refusait formellement toute prolongation de priviléges, à moins qu'il n'y ait augmentation au livre imprimé. C'est que nous voyons déjà poindre ce caractère de temporanéité, marque indélébile qui s'est attachée dès sa naissance à cette propriété *sui generis*, qui l'escortera dans toutes ses vicissitudes, pour ne l'abandonner jamais en principe, quelques efforts que l'on fasse à juste titre pour en reculer le terme rigoureux.

Quelques auteurs ont parlé avec exagération du dissentiment qui régnait à cette époque entre l'autorité

royale et le Parlement sur l'article des priviléges. Il n'est pas douteux que plusieurs fois le Parlement eut à casser des autorisations de continuation de priviléges; nous venons d'en citer quelques exemples; il n'est pas non plus douteux que l'autorité royale s'était toujours montrée favorable aux priviléges; peut-être y avait-il là une mesure d'exception dont la forme seule devait plaire à un gouvernement absolu. Mais cependant il faut reconnaître aussi que l'autorité royale avait l'expérience que sans priviléges il n'y avait pas de publications, et devait-elle laisser retomber dans le marasme et l'oubli l'admirable invention de l'imprimerie? Quant à sa conformité de sentiments avec le Parlement sur la continuation des priviléges, conformité que lui contestent quelques auteurs, je n'en veux d'autre preuve que l'article 33 des statuts réglementaires approuvés par lettres patentes du roi : « Sa Majesté défend à tous libraires, impri-
» meurs et relieurs de la ville de Paris d'obtenir aucune
» prolongation de priviléges pour l'impression des livres,
» s'il n'y a augmentation à ces livres. »

Il est impossible de se prononcer plus clairement, et à part la confusion que faisait cette défense entre les livres anciens et les livres nouveaux, on ne peut que l'approuver. Malheureusement l'autorité fut la première à enfreindre son ordonnance, c'est qu'elle s'était dépouillée elle-même d'une arme puissante, qu'elle ne tarda pas à vouloir ressaisir.

Elle accorda des continuations de priviléges (1), et

---

(1) Le premier privilége continué qui fut accordé depuis l'ordonnance de 1618 est de 1641, c'est-à-dire vingt-trois ans après les statuts réglementaires qui les interdisaient.

quand elle eut commencé, elle en accorda même beaucoup (quatre-vingt-dix-sept depuis 1641 jusqu'en 1662), à un tel point qu'une juridiction nouvelle devint indispensable. Voici à la suite de quel procès : Josse, libraire à Paris, obtint, en 1662, une continuation de privilége pour imprimer les *Méditations chrétiennes* de Beuvelet (1). Malassis, libraire à Rouen, fait imprimer le même ouvrage. A la requête de Josse, saisie est opérée à Rouen chez Malassis ; l'affaire est portée devant le Conseil, non sans une certaine célébrité, les libraires de Rouen et de Lyon ayant pris parti pour Malassis, ceux de Paris et autres villes, habitués à obtenir des prolongations de priviléges, ayant pris parti pour Josse. D'une part on invoque les précédents, quatre-vingt-dix-sept depuis vingt ans, comme je le disais plus haut ; d'autre part on invoque les statuts de 1618 et de nombreux arrêts du Parlement. Que fait le Conseil ? il maintient le privilége prolongé de Josse ; mais statuant pour l'avenir, il dit : « Tous ceux qui voudront obtenir des continuations » de priviléges devront se pourvoir à cet effet un an » avant l'expiration des priviléges, à peine de ne les pas » obtenir. Ensemble il est fait défense de demander » aucunes lettres de priviléges ou continuation pour » imprimer les auteurs anciens, à moins qu'il n'y ait » augmentation ou correction considérable, sans que » pour cela il soit défendu aux autres d'imprimer les » anciennes éditions non augmentées ni revues. De » plus, les priviléges primitifs devaient être signifiés au » syndic des libraires de Paris ; des continuations de-

(1) Arrêts notables de Boniface, t. I, liv. VIII, tit. VI, chap. 1er.

» vaient l'être au syndic des libraires de Paris, Lyon. » Toulouse, Rouen, Bordeaux et Grenoble. L'impres- » sion devait commencer dans les six mois pour tout » délai, à peine de décheance. Enfin, en cas de contra- » vention, permettait Sa Majesté d'assigner les contre- » venants au Conseil. » Voici une décision du Conseil qui a une grande importance, et que je ne crois pas pouvoir laisser passer inaperçue : pour la première fois on établit une distinction entre les ouvrages des auteurs anciens et les ouvrages des auteurs contemporains, la propriété littéraire va naître de cette distinction, quand un nouveau pas se fera dans cette voie et que des difficultés surgissant de cet arrêt on sera amené après bien des tâtonnements à préciser ce que l'on entend au juste par auteurs anciens. Ainsi, en 1662, nous ne sommes déjà plus dans ces errements dont je me plaignais plus haut, et qui consistaient à ne comprendre de différence qu'entre les ouvrages augmentés et ceux qui ne l'étaient pas, abstraction faite du siècle auquel vivait l'auteur. Et ce n'est pas sans raison que dans cet exposé historique, que je m'efforce cependant de rendre aussi impartial que je le puis, je retrouve constamment le germe de la propriété littéraire tendant à se constituer, avec un caractère temporaire, telle que nous l'avons admise sous notre législation actuelle. Priviléges et continuations de priviléges pour suppléer à leur brièveté, voilà la pratique de cette époque en dépit du Parlement, qui du reste est lui-même favorable aux priviléges seuls, en dépit de l'autorité royale elle-même qui, au lendemain de son ordonnance de 1618, lui inflige une série de démentis, pour entrer enfin résolûment dans ce caractère de temporanéité par l'arrêt de 1662, en reconnaissant le droit des contemporains et en reniant ceux des anciens. En effet, cet arrêt de 1662 peut se résumer en deux mots : encouragement, rémunération des livres nouveaux par des priviléges et des *renouvellements* de priviléges ; dénégation absolue de tous droits aux livres anciens qui, protégés dans leur temps, n'ont plus besoin désormais de cette protection.

Il y a dans cet arrêt de 1662 une lacune dont ne tardera pas à profiter l'intérêt privé. Qu'a voulu entendre le Conseil par ces mots : livres anciens ? Quelle est l'époque à partir de laquelle un livre n'est plus réputé livre ancien, et un éditeur peut l'imprimer sans privilége ? En 1671 un libraire de Paris réimprima, au mépris d'une continuation de privilége, les œuvres de saint François de Sales, qui n'avaient que soixante ans de date et qu'il prétendit être *un livre ancien*. Plainte du libraire privilégié, contre lequel prennent parti les communautés de libraires de Paris, Rouen, Toulouse. Le Conseil, devant qui l'affaire fut portée, décida, par son arrêt du 19 juin 1671, qu'il fallait entendre par auteurs anciens tous ceux morts avant la découverte de l'imprimerie. Il faut bien voir que la question que l'on agitait alors était tout simplement celle qui divise encore aujourd'hui tous les esprits, et même ceux-là qui, tout en étant d'accord sur le caractère de propriété, lui refusent avec raison l'éternité. L'arrêt de 1671 était-il satisfaisant ? Incontestablement non. Avec raison il refusait tout privilége ou renouvellement de privilége pour les ouvrages des auteurs morts avant 1470 ; mais avec une grande injustice il assimilait les auteurs morts en 1480, par exemple, aux auteurs vivants en 1670, et il donnait à perpétuité le caractère d'auteurs nouveaux à des auteurs morts depuis deux siècles. On ne se rendait pas compte alors que le seul système possible était celui qui prévaut aujourd'hui, c'est-à-dire le système qui fixe, à dater de la publication d'un livre, un certain temps, passé lequel il est réputé ancien. Aux yeux de l'autorité, cet arrêt avait l'avantage de donner satisfaction à tout le monde, aux libraires privilégiés en leur permettant d'espérer la possession exclusive et prolongée des livres pour lesquels ils avaient obtenu privilége, et aux libraires non privilégiés en leur accordant la disposition d'un certain nombre de livres à réimprimer. Toujours est-il que pendant près d'un siècle il demeura la loi en cette matière et fut même peu critiqué. J'ai donné quelques développements aux arrêts de 1618, 1662 et 1671, qui me paraissent les plus importants de cette époque ; le premier, en ce qu'il est une concession faite aux principes d'égalité qui traite tous les libraires sur le même pied ; celui de 1662, en ce que, pour la première fois, il établit une distinction entre les auteurs anciens et les auteurs nouveaux, et enfin le troisième, celui de 1671, en ce qu'il corrobore le précédent, mais par une fâcheuse interprétation du mot *auteurs anciens*. Nous arrivons maintenant au fameux mémoire de Louis d'Héricourt. Contentons-nous de signaler avant de l'aborder l'arrêt du 22 mars 1682, qui défend de publier comme tome II, ou subséquence, des ouvrages qui n'ont pas obtenu la permission, ruse de librairie ; et l'article 65 de l'édit de Versailles d'août 1686, qui fait défense de contrefaire les livres pour lesquels il aura été accordé des priviléges ou continuation de priviléges, de vendre ou débiter ceux qui seront contrefaits. C'était une garantie qu'il importait de donner aux libraires privilégiés.

Quelque satisfaisant qu'ait pu paraître tout d'abord l'arrêt de 1671, il finit cependant par être attaqué, et il ne pouvait guère en être autrement par suite de l'interprétation donnée au mot *livres anciens* ; c'est en vain que le règlement du Conseil de 1723 fit défense de contrefaire des livres pour lesquels il aurait été obtenu privilége ou continuation de privilége ; deux ans après, la continuation des priviléges était déjà contestée, comme on peut le voir par cet arrêt du 10 avril 1725, dont l'article 4 disait : « Seront tenus les syndics et » adjoints de la librairie de Paris de remettre dans un » avis au garde des sceaux un état des priviléges re- » nouvelés depuis le 1er janvier 1718, pour des livres » déjà imprimés, et un état des livres qui ont été réim- » primés en conséquence de renouvellement desdits » priviléges pour, sur la vérification qui en sera faite, » être les nouveaux priviléges dont on n'aura pas fait » usage, annulés, et en être accordé de nouveaux, ou » de simples permissions, suivant la qualité des livres, » à ceux qui feront leur soumission de les imprimer » promptement et en conformité du présent règle- » ment. »

Les libraires de province renouvelèrent, en 1725, la demande qu'ils avaient déjà formulée, dont l'objet était d'obtenir qu'à l'expiration du privilége, tous les libraires eussent le droit d'imprimer l'ouvrage. Cette requête fit grand bruit ; les libraires de Paris, généralement détenteurs de priviléges, prirent Louis d'Héricourt pour avocat, et lui firent rédiger un mémoire célèbre en réponse à la demande des libraires de province. Louis d'Héricourt était un jurisconsulte distingué et surtout un savant canoniste. Son mémoire sur la librairie est peu connu, il n'existe que dans une édition de ses œuvres posthumes; j'en citerai quelques extraits, vu le rôle important qu'il joue dans la question de la propriété littéraire :

MÉMOIRE EN FORME DE REQUÊTE A M. LE GARDE DES SCEAUX

Question.

« S'il serait juste et équitable d'accorder aux libraires de province la permission d'imprimer les livres qui appartiennent aux libraires de Paris par l'acquisition qu'ils ont faite des manuscrits des auteurs. »

Voici quelques passages de ce fameux mémoire, que nous ne pouvons citer en entier :

« Comme les maximes que nous avons à opposer à la prétention de nos adversaires tirent leur origine du droit public et de celui des gens, nous ne croyons pas pouvoir nous dispenser de faire une observation préliminaire sur les principes qu'ils nous fournissent, non-seulement parce que cette première observation sera comme la base et le fondement des moyens que l'on établira dans la suite, mais encore parce qu'elle suffirait presque seule pour faire sentir combien la conduite de ces libraires est odieuse, d'oser venir demander au protecteur de la justice de les revêtir contre toute équité des dépouilles de leurs frères, au mépris de ce que tous les hommes doivent avoir de plus sacré, et pour cela qu'on détruise en leur faveur les principes les plus importants de la société. »

En effet, personne n'ignore que les hommes destinés par la nature à la société, et par conséquent au travail qui en est le lien, en forment nécessairement une dans chaque état au profit de laquelle ils appliquent mutuellement leurs talents pour l'utilité commune., dans laquelle ils ont droit de vivre de leur travail et de tirer de leur industrie un profit légitime qu'ils puissent posséder sûrement et tranquillement, afin de se procurer et à leur famille les commodités de la vie ; et, pour cet effet, il faut constamment qu'ils soient conservés dans la propriété permanente et incommutable des choses qu'ils se communiquent les uns aux autres par la voie de la vente, de l'échange, ou autrement ; sans quoi leur travail deviendrait inutile et ils tomberaient nécessairement dans une pernicieuse oisiveté, si on donnait à cet égard la moindre atteinte à leur liberté.

Première proposition. — Il est certain, selon les principes que l'on vient d'établir, que ce ne sont pas les priviléges que le roi accorde aux libraires qui les rendent propriétaires des ouvrages qu'ils impriment, mais uniquement l'acquisition des manuscrits dont l'auteur leur transmet la propriété au moyen du prix qu'il en reçoit. La vérité de cette proposition se démontre par deux observations aussi simples que naturelles : la première, qu'un manuscrit qui ne contient rien de contraire à la religion, aux lois de l'État, ou à l'intérêt des particuliers *est en la personne de l'auteur un bien qui lui est réellement propre ; qu'il n'est pas plus permis de l'en dépouiller que de son argent, de ses meubles ou même d'une terre,* parce que, comme nous l'avons observé, c'est le fruit d'un travail qui lui est personnel, dont il doit avoir la liberté de disposer à son gré, pour se procurer, outre l'honneur qu'il en espère, un profit qui lui fournisse ses besoins et même ceux des personnes qui lui sont unies par les liens du sang, de l'amitié ou de la reconnaissance.

La seconde, qui est une suite de la première, c'est que si un auteur est constamment propriétaire et par conséquent seul maître de son ouvrage, il n'y a que lui ou ceux qui le représentent qui puissent valablement le faire passer à un autre et lui donner dessus le même droit que l'auteur y avait. Par conséquent, le roi n'y ayant aucun droit, tant que l'auteur est vivant ou représenté par ses héritiers ou donataires, il ne peut le transmettre à personne à la faveur d'un privilége sans le consentement de celui à qui il se trouve appartenir. Cette vérité, qui a pour fondement les principes que nous avons établis, se trouve encore appuyée sur l'autorité des anciens édits et déclarations de nos rois donnés au sujet de l'imprimerie, dans lesquels on trouve l'origine des priviléges que les libraires sont obligés d'obtenir du roi pour l'impression des productions littéraires, et les sages motifs de cet ancien usage qui, bien loin de donner la moindre atteinte aux droits des auteurs par rapport à la propriété de leurs ouvrages, ni à celle des libraires à qui ils transmettent leurs droits, ne peuvent, au contraire, servir qu'à les établir et à assurer l'état des uns et des autres.

Pendant près d'un siècle, depuis l'invention de l'imprimerie jusque vers l'an 1550, les auteurs et les libraires, en conséquence de la liberté commune à tous les hommes, avaient toujours pu imprimer leurs ouvrages sans être assujettis à en obtenir la permission du roi. Mais comme le mauvais usage de ce don précieux de la nature commençait à devenir dangereux à la société, que chacun faisait imprimer ce que bon lui semblait au préjudice de la religion, des lois de l'État et de la tranquillité publique, Henri II et après lui Charles IX furent obligés, pour mettre des bornes à cette licence, non pas de s'approprier les ouvrages des hommes de lettres de leur siècle pour en disposer à leur volonté, mais simplement de défendre, comme ils le firent par des édits (1547 et 1563) dont nous venons de rappeler les motifs, d'imprimer quelque ouvrage que ce fût, qu'il n'eût été préalablement examiné en leur Conseil et autorisé d'un privilége du grand sceau, qui était accordé après l'examen de l'ouvrage, quand il ne s'y était rien trouvé de contraire à la religion, aux lois de l'État, à l'honneur et à l'intérêt des particuliers; ce qui fut encore renouvelé à l'assemblée des états tenue à Moulins en 1566.

Ainsi le droit des auteurs et des libraires n'ayant souffert aucune atteinte, le droit commun du royaume subsiste en son entier à leur égard, et, par conséquent, le roi, n'ayant aucun droit sur les ouvrages des auteurs, ne peut les transmettre à personne sans le consentement de ceux qui s'en trouvent les légitimes propriétaires.

Selon ces principes, et en se renfermant même dans l'esprit des édits et déclarations dont nous venons de parler, il ne doit y avoir aucun doute que les priviléges que les auteurs ou les libraires sont présentement obligés d'obtenir pour l'impression des ouvrages littéraires ne peuvent être considérés que comme des approbations authentiques, pour mettre d'un côté le libraire en sûreté et hors d'état d'être inquiété, supposé qu'il se trouvât par la suite dans un ouvrage quelque chose de contraire aux idées du gouvernement, et, de l'autre, pour assurer le public qu'il peut s'en charger sans crainte, comme ne concernant rien de contraire à la religion, aux droits du roi, à ceux des particuliers. »

Le mémoire de Louis d'Héricourt est trop long pour que je me permette d'en citer davantage; mais je tenais à montrer par cet extrait le pas énorme qu'a fait la question. Le premier, il ose la déplacer de son terrain, et ne voit dans les priviléges qu'une permission de publier, le livre une fois réputé ne contenir rien de contraire aux idées du gouvernement, de la religion, des droits du roi et des particuliers. Cette permission, que je distinguais plus haut du privilége, en qualifiant ce dernier d'avantage dérivant de la règle, c'est tout le droit que reconnaît d'Héricourt aux rois. Son argumentation est donc celle-ci : un auteur est propriétaire de son œuvre comme de sa maison, comme de son meuble, comme de son argent ; quand une fois il l'a cédée à un libraire, il lui a transporté tous les droits dont il jouissait lui-même, et si l'ouvrage ne contient rien de contraire à la morale, à la religion, au respect du roi, le roi ne peut se refuser à garantir à ce libraire, au moyen de privilége et de renouvellement de priviléges, la perpétuelle propriété de l'ouvrage. Voilà en quelques mots le mémoire de d'Héricourt. Je le répète, son importance est très-grande. D'Héricourt se rendait là le premier l'organe d'une vérité qui commençait à se faire jour, et qui tendra surtout à s'affirmer davantage à mesure que l'on verra l'exemple croissant d'éditeurs s'éternisant pendant des générations dans la jouissance exclusive d'une œuvre littéraire, tandis que l'auteur et ses descendants en demeurent à tout jamais dépouillés. Il y avait du vrai dans ce mémoire, il y avait aussi du faux, il y avait même de la maladresse. Il y avait du vrai en ce qu'il prouvait que le droit de l'auteur est une propriété, et, à cet égard, il est juste de rendre à ce savant jurisconsulte un tribut d'éloges que ne lui refuseront pas tous les partisans de la propriété littéraire, dont le premier il a hautement affirmé les convictions et les doctrines. Il y avait du faux dans ce cachet perpétuel qu'il voulait donner aux droits des éditeurs, et que nous ne saurions reconnaître, puisque nous le refusons même aux auteurs. Enfin, ce qui n'était pas habile, c'était, plaidant la cause des libraires privilégiés, d'aller jusqu'à nier au roi la faculté de leur refuser ces priviléges (l'autorité n'aimait pas alors qu'on lui fît une obligation là où elle n'entendait agir que d'après son bon plaisir); c'était, parlant au nom des détenteurs de priviléges, d'invoquer le droit d'auteur, droit par lui-même alors fort vague, tandis que le plus souvent ces éditeurs privilégiés n'étaient pas les cessionnaires directs des auteurs dont ils publiaient les œuvres. Je m'explique : un auteur faisait un ouvrage et le vendait à un éditeur, le plus souvent pour un prix assez minime ; souvent, pour une raison ou pour une autre, quelquefois même pour refus de privilége, l'éditeur ne publiait pas cet ouvrage ou ne le tirait qu'à peu d'exemplaires. Plus tard, un autre éditeur demandait et obtenait privilége et prolongation de privilége pour publier ce même ouvrage ; quels autres droits avait-il que ceux que lui donnait le privilége ? aucun. Or, au moment où parut ce mémoire qui nous occupe, beaucoup de libraires privilégiés, dans les publications qu'ils faisaient, n'étaient cessionnaires ni de l'auteur, ni (ce qui serait revenu au même) d'un éditeur cessionnaire lui-même de l'auteur. J'ai qualifié ce côté de l'argumentation de d'Héricourt de maladroite ; je ne sais si elle ne mériterait pas d'être traitée plus sévèrement. Bref, c'était invoquer en théorie le droit des auteurs, pour les dépouiller en réalité au profit des libraires. Combien je préfère l'arrêt de 1777 que nous allons examiner plus loin et qui assimile la durée des priviléges à la vie de l'auteur, en reconnaissant en outre à l'auteur le droit indéfini de publier son propre ouvrage !

Le mémoire de d'Héricourt eut plein succès, la requête des libraires de province fut rejetée ; seulement on trouva mauvais que les libraires de Paris se fussent permis de nier au roi le droit de refuser des priviléges, et les syndics et adjoints de la communauté furent contraints de donner leur démission.

J'ai cru devoir, dans cet exposé historique, m'attacher à suivre l'ordre chronologique. On comprendra qu'il m'ait paru le plus sûr pour atteindre le but que je me suis proposé, et qui était de montrer comment cette question, si capitale aujourd'hui, a pu naître, grandir, se développer, après avoir été longtemps ignorée et inutile, comment son affirmation, de plus en plus positive, a été synonyme de progrès, amélioration, développement même moral et intellectuel.

Les priviléges (et c'est ce qui m'a fait les développer quelque peu) ont donné naissance à la propriété littéraire. Ce droit nouveau a surgi tout d'un coup de la contestation qu'ils ont fait naître lorsque le progrès dû aux perfectionnements matériels et le progrès moral de la pensée ont pu dire aux libraires privilégiés comme aux libraires non privilégiés : arrêtez, vos droits ne sont plus que des droits secondaires, ils n'ont plus trait maintenant qu'à un recouvrement de dépenses considérablement diminuées ; ils dérivent désormais du droit le plus sacré de tous, dont ils doivent même subir les caprices, de l'invention et de la propriété. Arrêtez, car vous êtes primés dorénavant, vous imprimeurs, vous libraires, par l'auteur, qui compose et qui dispose à son gré. Arrêtez aussi, dira plus tard ce même progrès à l'autorité ; arrêtez, vous qui vous attribuez à tort l'exercice d'un droit pour lequel vous entendez n'octroyer aux auteurs qu'une récompense : ils ne peuvent pas accepter de récompense, parce qu'ils ne doivent pas être dépouillés ; ce qu'il leur faut, c'est la reconnaissance et la sauvegarde de leurs droits. Voilà la marche fatale de la question ; mais suivons-la pas à pas.

« Dans le dix-septième siècle, dit l'avocat général » Séguier, on commençait à sentir le droit de propriété » des auteurs ; on le reconnut quelquefois, surtout lors- » qu'ils le réclamèrent. » En effet, en 1761, les petites-filles de La Fontaine firent rendre par le Conseil du roi un arrêt resté célèbre. Barbin avait édité le premier les ouvrages de leur aïeul ; le privilége lui en avait été concédé, puis prolongé, et il l'avait cédé à d'autres, lorsque, soixante-six ans après la mort du fabuliste, ses petites-filles sollicitèrent et obtinrent un privilége pour la réimpression d'ouvrages dont elles se regardaient comme propriétaires. (Encore bien que de son vivant La Fontaine n'eût pas manqué de vendre tous ses droits d'auteur, comme le reste de son patrimoine, ne fût-ce que pour justifier l'épitaphe qu'il s'était préparée :

> Jean s'en alla comme il était venu,
> Mangeant son fonds avec son revenu.)

Le cessionnaire de Barbin, soutenu même par la communauté des libraires de Paris, forma opposition à l'enregistrement de ce privilége à la chambre syndicale. Voici en quels termes les petites-filles de La Fontaine répondirent à cette opposition : « Il est certain qu'aucun » libraire et imprimeur n'a de privilége subsistant pour » l'impression des ouvrages du sieur de La Fontaine ; » les suppliantes ont donc pu réclamer les bontés du roi » pour obtenir la permission qui leur a été accordée ; » les suppliantes descendent en ligne directe du sieur de » la Fontaine ; ainsi ses ouvrages leur appartiennent » naturellement par droit d'hérédité, puisqu'il n'existe » aucun titre, aucun privilége qui les en prive ; par » conséquent, l'opposition des libraires est insoutenable ; » il est donc juste de les en débouter. » Le Conseil du roi se rangea complétement à ces conclusions, et maintint le privilége sans s'arrêter à l'opposition des libraires. Quelle signification faut-il donner exactement à cet arrêt du 14 septembre 1761 ? Est-ce la reconnaissance pure et simple de la propriété littéraire? Non, et cependant il en a toute la portée. L'arrêt du 14 septembre 1761 n'est pas la reconnaissance de la propriété littéraire, parce que son but était de proclamer que l'éditeur primitivement privilégié n'était pas investi à toujours d'un droit exclusif sur l'œuvre originairement cédée ; parce que, en dépit des prolongations de priviléges, en dépit des avantages qui pouvaient en résulter pour l'autorité, il importait cependant de leur imprimer toujours un caractère de temporanéité que le Parlement avait été le premier à réclamer au profit des libraires non privilégiés, que nous voyons réclamer maintenant au profit des héritiers de l'auteur : c'est un autre côté de la question, qui est restée la même. L'arrêt du 14 septembre 1761 a toute la portée d'une reconnaissance de la propriété littéraire, en ce que pour nous, plus familiers qu'on ne l'était alors avec ce droit, nous le voyons se glisser à l'insu presque de ceux qui ont contribué à faire rendre cet arrêt, en quelque sorte comme un *jus postliminii*. C'est bien toujours et en premier lieu l'autorité qui, au moyen de ses priviléges, dispose des œuvres de l'écrivain, et c'est en cela que je nie à l'arrêt qu'obtinrent les petites-filles de La Fontaine le caractère d'une reconnaissance de la propriété littéraire. Mais en même temps c'est la préférence donnée à l'auteur sur les libraires non privilégiés, c'est presque l'aveu d'un droit, tout secondaire à la vérité, mais qui prendra dorénavant sa place, porteur même de sa petite part d'avantages relatifs. Jusqu'alors on n'avait reconnu que les libraires, les privilégiés d'abord, puis les non privilégiés ; maintenant les libraires privilégiés continuaient bien à être les premiers détenteurs de tous les avantages et de tous les droits ; mais immédiatement après eux viennent l'auteur ou ses héritiers, qui tendent même à les supplanter. Priviléges de l'autorité, priviléges de l'auteur et de ses descendants, tout est dans ces deux mots, et, malgré la lutte, le privilége de l'autorité sera toujours préféré à celui de l'auteur, tant que l'erreur portant sur la terminologie on n'aura pas remplacé le mot :

privilége de l'auteur par celui de : PROPRIÉTÉ DE L'AUTEUR. Nous allons suivre les diverses phases de la lutte, nous verrons parfois même les priviléges de l'autorité subir de graves échecs ; mais la victoire ne restera complétement à l'auteur que lorsqu'il aura été le premier à refuser les priviléges qui lui étaient concédés, parfois même en dépit de l'éditeur, pour ne reconnaître et n'accepter que l'exercice d'un droit légitime : celui de la propriété littéraire. L'arrêt qu'obtinrent les petites-filles de La Fontaine ne fut pas le seul ; il ne tarda pas à être suivi d'un autre analogue rendu en faveur de la famille de Fénelon, qui demandait à rentrer en possession du privilége d'éditer les œuvres de leur illustre parent, à l'exclusion des libraires-éditeurs. Deux arrêts successifs d'une telle importance devaient porter l'inquiétude et l'effroi dans le camp des libraires privilégiés. De même qu'en 1725 nous les avons vus emprunter la plume éloquente du savant d'Héricourt pour affirmer les droits de l'auteur dont ils se prétendaient les ayants cause et pour combattre les prétentions du domaine public, de même aujourd'hui (1767) ils ont recours à Diderot le philosophe (1) pour combattre ces mêmes droits d'auteur qu'ils avaient reconnus quarante ans auparavant, et aux deux époques pour sauvegarder leurs intérêts plus sérieusement compromis encore par le privilége des auteurs que par le domaine public. Et c'est ici qu'il m'est plus facile de faire ressortir ce qui fut un grand progrès dans le mémoire de d'Héricourt, mais en même temps une grande faute d'avocat ; car en

(1) Ce mémoire de Diderot fut rédigé en collaboration de Breton, ancien syndic de la librairie, et sur la demande de M. de Sartine.

affirmant le premier les droits de l'auteur, il rendit un service incontestable à la cause de la propriété littéraire, mais aussi il suscita à ses clients une difficulté dont il leur sera malaisé de se tirer. C'est avec cette difficulté que Diderot entreprit de lutter corps à corps; voyons s'il réussit.

Je ne voudrais pas, en adversaire peu généreux, déprécier le mémoire de Diderot parce qu'il renferme des idées opposées aux nôtres; mais, outre qu'il est facile de les réfuter, il suffit de connaître la vie de Diderot pour savoir que sa complaisance était infinie, et qu'il mettait sa plume au service de qui la demandait. Voltaire, son ami, a dit de lui : « Tout est dans la sphère d'activité de son génie; il passe des hauteurs de la métaphysique au métier d'un tisserand, et de là il va au théâtre. » On sait que pendant vingt-cinq ans son cabinet fut un magasin au pillage, une boutique où venait puiser qui voulait, et on se rappelle cette aventure d'un marchand de pommade qui était venu lui demander un avis au public pour une pommade qui faisait croître les cheveux, et ce philosophe, nous dit sa fille madame de Vandeul, riant beaucoup d'abord, mais écrivant la notice. Bref, je ne puis accorder une grande valeur au mémoire de Diderot, et tout le monde s'étonnera de voir le fervent adepte de la philosophie du XVIIIe siècle, le fougueux ami du progrès, l'adversaire infatigable de l'autorité despotique et réactionnaire, se faire là l'écho d'idées exagérées et rétrogades qui ne sont même plus en harmonie avec les sentiments de la royauté, et qui sont appelées à recevoir le dernier coup de grâce de ce même progrès, le prétendu client ordinaire de Diderot. Complaisance d'avocat qui fit ce mémoire avec la plume dont il se servit pour adresser au nom d'une inconnue une requête d'argent à l'amant de cette inconnue, voilà en réalité à quelles justes proportions il faut réduire le mémoire de 1767. Il y est dit « que, même pour les livres anciens, le libraire qui le premier a livré à l'impression un manuscrit, doit, par des renouvellements de priviléges, en conserver l'exclusive et perpétuelle possession. » Aussi, à plus forte raison, propose-t-il la même solution pour les livres nouveaux. C'était, on le voit, attaquer l'arrêt obtenu par les petites-filles de La Fontaine, c'était même attaquer les ordonnances royales de 1671 et de 1665. J'ai dit plus haut qu'il m'était facile de réfuter le mémoire de Diderot, et les conclusions seules que je viens de lui emprunter me dispenseraient de cette tentative. En vérité, on ne peut s'expliquer cette préférence donnée aux libraires aux dépens des auteurs, et leur droit méconnu au profit d'un prétendu droit dont ils sont en quelque sorte les dispensateurs. C'est le spectacle du principal le cédant à l'accessoire. Tant que ce grand principe de la propriété littéraire n'avait pas encore été découvert, on comprend que les tâtonnements qui l'ont précédé aient conduit légitimement à une quasi-propriété des libraires se débattant, comme le fait aujourd'hui la propriété littéraire, contre les envahissements du domaine public, et en présence du droit public les priviléges étaient légitimes, leur concession était bienfaisante et progressive; mais du jour où l'adversaire est changé, du jour où les récriminations contre les priviléges des libraires, légitimes parfois en ce que ceux-ci avaient d'éxagéré, ont fait jaillir de la discussion un droit nouveau, droit plus sacré que le leur, ce jour-là il ne fallait plus accepter la lutte; elle avait été possible tant qu'elle s'était appuyée sur un principe de propriété, elle était inégale désormais, et sacrilége de la part des libraires qui s'attaquaient à la plus vraie des propriétés, à celle même dont la leur dérivait. Je ne veux pas insister davantage sur le mémoire de Diderot, mais il me sert du moins à montrer par la résistance désespérée et même maladroite qu'opposent les libraires privilégiés aux priviléges concédés à l'auteur, combien cette dernière solution entrait dans les idées d'alors, la place qu'elle y prenait, et comment elle tendait à se substituer graduellement aux priviléges de librairie, faveur purement mercantile et commerciale due le plus souvent à la protection et même à l'intrigue, qui étalait le spectacle d'une fortune grossie par des générations de priviléges, à côté du triste tableau d'un auteur ou de sa famille en proie à la ruine et à la misère.

Le pas nouveau que nous voyons faire à la question est amené par une réformation à laquelle on n'avait d'abord pas songé et dont on semble tout d'un coup reconnaître l'urgente nécessité. Voici sur quoi portait cette réformation : les libraires ayant le monopole du commerce des livres, les auteurs se trouvaient entièrement à leur merci, et, il faut bien le dire, cette dépendance toute naturelle, dont personne n'avait jamais songé à se plaindre, ne devint insupportable pour les auteurs que lorsque leur droit commençant à se faire jour, il en résulta une attaque directe des priviléges de libraires qui se vengèrent en voulant faire la loi. Ou l'ouvrage ne voyait pas jour par refus d'impression, ou l'éditeur n'imprimait qu'avec garantie de privilége, soit par transmission, soit par l'engagement que prenait l'auteur d'assurer à l'éditeur jouissance paisible et perpétuelle du privilége qu'il s'était fait concéder. Un tel état de choses n'était ni tutélaire, ni libéral en ce que les auteurs n'étaient plus le moins du monde protégés et que ce despotisme du libraire pouvait devenir une cause de diminution des livres. Lamoignon de Malesherbes, directeur général de la librairie de 1750 à 1765, signala son administration par un esprit ferme et libéral et se prononça énergiquement dans plusieurs mémoires pour la faculté attribuée aux auteurs de débiter leurs livres : « Les auteurs, disait-il, devraient, selon le droit naturel, tirer tout le profit de leurs ouvrages, en ayant la faculté de les vendre eux-mêmes. Le droit civil ne s'y oppose pas ; et, malgré le droit exclusif de vendre certaines marchandises, qui est réservé aux communautés de Paris et des autres villes, chacun a la liberté de vendre les fruits de sa terre. Ne doit-on pas regarder les ouvrages d'un auteur, qui sont le fruit de son génie, comme lui appartenant encore à plus juste titre et comme le bien dont il serait convenable qu'il eût la libre disposition ? »

Il ne faut pas s'étonner de l'importance qu'attachaient les auteurs d'alors à la faculté de débiter leurs livres ; on comprendra aisément que devant les exigences des libraires et même des seuls libraires de Paris (les libraires de province ayant été écartés de toute concession de priviléges), les auteurs préférassent se faire eux-mêmes marchands de leurs publications, plutôt que de passer par toutes les conditions draconiennes qu'il plaisait aux libraires de leur imposer. Aussi voyons-nous à cette époque cette question de savoir si les auteurs avaient ou non la faculté de vendre leurs ouvrages, question dont ils se soucieraient sans doute fort peu maintenant, venir en premier ordre et donner lieu à l'arrêt du Conseil du 30 août 1777, rendu sous le ministère de Necker, arrêt qui sera jusqu'en 89 le dernier mot de l'ancien régime sur la matière des priviléges, c'est-à-dire sur les droits respectifs et difficiles à concilier des auteurs, des libraires et du domaine public.

L'arrêt du 30 août 1777 est trop important pour que j'hésite à en reproduire la partie principale :

« Le roi s'étant fait rendre compte des mémoires respectifs de plusieurs libraires sur la durée des priviléges et la *propriété* des ouvrages, Sa Majesté a reconnu que le privilége en librairie est une grâce fondée en justice, et qui a pour objet, si elle est accordée à l'auteur, de récompenser son travail, si elle est obtenue par un libraire, de lui assurer le remboursement de ses avances et l'indemnité de ses frais ; que cette différence dans les motifs qui déterminent les priviléges en doit produire une dans leur durée ; que l'auteur a sans doute un droit à une grâce plus étendue, tandis que le libraire ne peut se plaindre si la faveur qu'il obtient est proportionnée au montant de ses avances et à l'importance de son entreprise ; que la perfection de l'ouvrage exige cependant qu'on en laisse jouir le libraire pendant la vie de l'auteur avec lequel il a traité ; mais qu'accorder un plus long terme, ce serait convertir une jouissance de grâce en une propriété de droit et perpétuer une faveur contre la teneur même du titre qui en fixe la durée ; ce serait consacrer le monopole en rendant un libraire le seul arbitre à toujours du prix d'un livre ; ce serait enfin laisser subsister la source des abus et des contrefaçons en refusant aux imprimeurs de province un moyen légitime d'employer leurs presses. — Sa Majesté a pensé qu'un règlement qui restreindrait le droit exclusif des libraires au temps qui sera porté dans le privilége ferait leur avantage, parce qu'une jouissance limitée, mais certaine, est préférable à une jouissance indéfinie, mais illusoire; qu'il serait l'avantage du public, qui doit en espérer que les livres tomberont à une valeur proportionnée aux facultés de ceux qui veulent se les procurer ; qu'il serait favorable aux gens de lettres, qui pourront, après un temps donné, faire des notes et des commentaires sur un auteur, sans que personne puisse leur contester le droit de faire imprimer le texte ; qu'enfin ce règlement serait d'autant plus utile qu'il ne pourrait qu'augmenter l'activité du commerce et exciter entre tous les imprimeurs une émulation favorable au progrès et à la perfection de leur art; défense d'imprimer un livre nouveau sans en avoir préalablement obtenu le privilége; défense de solliciter aucune continuation de ce privilége, à moins qu'il n'y ait dans le livre augmentation au moins d'un quart, sans que, pour ce sujet, on puisse refuser aux autres la permission d'imprimer les anciennes éditions non augmentées. Les priviléges pour imprimer des livres nouveaux ne pourront être moindres de dix ans. Ceux qui auront obtenu des priviléges en jouiront non-seulement tout le temps qui y sera porté, mais encore pendant la vie des auteurs, en cas que ceux-ci survivent à l'expiration des priviléges. Tout auteur qui obtiendra en son nom le privilége de son ouvrage aura le droit de le vendre chez lui, sans qu'il puisse, sous aucun prétexte, vendre ou négocier d'autres livres, et jouira de son privilége pour lui et ses hoirs *à perpétuité*, pourvu qu'il ne le rétrocède à aucun libraire, auquel cas la durée du privilége sera, par le seul fait de la cession, réduite à celle de la vie de l'auteur. »

Voilà donc enfin les mots de droit et de propriété prononcés, non plus cette fois par d'Héricourt ou quelque autre jurisconsulte, mais par l'autorité royale elle-même, qui n'est là que l'écho du sentiment public.

« Le roi s'étant fait rendre compte des mémoires sur la PROPRIÉTÉ des auteurs »..... « l'auteur a droit. » Et en même temps, du reste, à côté de ces mots qui ont une grande importance, ceux-ci qui prouvent et les tâtonnements d'un droit encore mal défini et la peine qu'a l'autorité à abdiquer même en matière de terminologie : « Le privilége est une grâce fondée en justice ; » puis plus loin : « la grâce plus étendue de l'auteur. »

Bref, cet arrêt de 1777, valable jusqu'en 89 et même après, comme nous le verrons, est cependant bien la reconnaissance de la propriété littéraire ; n'y est-il pas dit en effet : « Accorder un plus long terme au libraire (la vie de l'auteur), ce serait convertir une jouissance de grâce en une propriété de droit, » et cette propriété de droit, n'est-ce pas d'elle qu'on entend parler en disant : « Tout auteur qui obtiendra en son nom le privilége de son ouvrage aura le droit de vendre chez lui et jouira de son privilége pour lui et ses hoirs à perpétuité. » Laissons de côté le mot privilége, qui est le terme usuel et agréable à une autorité despotique; mais n'est-ce donc pas une propriété, ce privilége auquel on accorde la perpétuité ? Nous qui refusons au droit des auteurs le caractère de perpétuité, nous le reconnaissons cependant bien comme une propriété ; il y a tant d'autres propriétés non perpétuelles (nous aurons occasion de le prouver plus tard quand nous traiterons plus spécialement de la nature de ce droit), qu'à plus forte raison je ne connais pas d'autre qualification qui puisse s'appliquer au droit perpétuel.

Cette date de 1777 est donc une date mémorable dans l'histoire de la propriété littéraire. Pour la première fois on prononce ce mot; on va plus loin, on reconnaît même toutes les conséquences qui paraissent se déduire naturellement de ce droit, en lui constituant comme apanage la perpétuité : « Tout auteur qui obtiendra en son nom le privilége de son ouvrage en jouira pour lui et ses hoirs à perpétuité. » Anomalie, je le veux bien, en ce que cette perpétuité s'éteint de droit du jour où l'auteur cède son privilége à un libraire, et que cependant on doit toujours pouvoir transporter à une autre personne dans toute leur plénitude et dans tout leur ensemble les droits dont on jouit soi-même. *Nemo plus juris in alium transferre potest quam in se habet*, dit le principe romain. A notre tour renversons la proposition en disant que, sauf dans des cas exceptionnels et appartenant à un autre ordre d'idées, cela même dont on jouit, on peut en faire jouir un autre par tous les moyens légaux de transmission. Mais cette anomalie n'est-elle pas (je demande pardon de la familiarité de l'expression) la porte de derrière réservée aux droits du domaine public, tout puissants quand ils se trouvent en présence du privilége du libraire, mais nuls encore, méconnus et inutiles à invoquer alors en présence du *me adsum qui feci*, de la personnalité et de la propriété de l'auteur? L'article du règlement de 1777 qui permet à l'auteur et à ses hoirs de vendre à perpétuité l'ouvrage qu'il a composé avait, il faut bien le voir, à cette époque une immense opportunité, en ce qu'il permettait à l'auteur d'échapper au joug du libraire; mais était-il durable en pratique? Non, assurément, et il est aisé de s'en rendre compte : tous les descendants d'un auteur ne pouvaient pas à l'infini se faire les propres éditeurs de l'ouvrage de leur aïeul, et il fallait toujours en arriver à l'éditeur, rendu du reste plus traitable par cette rivalité de l'auteur. Cet article n'était même pas sincère, puisqu'il reconnaissait un droit qu'il savait impraticable et qui est même promptement tombé en désuétude.

Il ne m'appartient pas, sans m'exposer à dépasser les bornes de mon sujet, de m'arrêter plus longuement sur des interprétations souvent malaisées à d'autres générations de ces arrêts royaux. Pour moi, tout ce que je veux leur faire dire, c'est le mot *propriété*, comme je le ferai dire aux lois promulguées depuis 89, comme je le vois inscrit en caractères indélébiles dans toute ordonnance, dans tout projet, dans toute consultation. Propriété sous la monarchie, propriété avec les principes de 89, on ne peut comprendre en vérité les hésitations sur une vérité aussi palpable!

J'ai déjà cité plus haut l'avocat général Séguier; je ne crois pas pouvoir mieux établir les sentiments du XVIIIe siecle sur la nature du droit des auteurs, qu'en m'autorisant des principales lumières de cette époque. Antoine-Louis Séguier, avocat général au grand Conseil, puis au Parlement, se prononce ainsi: « Rendre une chose publique, c'est donner au public le droit d'en faire usage; or, quel est l'usage d'un livre? c'est assurément d'instruire et non de donner à un libraire ou à un imprimeur la faculté de s'enrichir en multipliant les copies de l'ouvrage aux dépens de l'auteur ou de son cessionnaire. S'il existe un moyen de tirer profit d'un ouvrage, à qui, d'un auteur ou d'un étranger, le profit doit-il passer? Il n'est personne qui puisse hésiter de se déclarer pour l'auteur; dès lors le droit de l'auteur est constant. Si l'auteur a droit, on ne peut le lui enlever sans injustice ; par conséquent la publicité de l'ouvrage ne donne au public que la facilité de s'instruire et non celle de s'enrichir aux dépens de l'auteur. » Nous ne sommes encore que dans la première phase de la question, et voici comment je comprends cette distinction. Aujourd'hui, comme le donnent à entendre certains esprits, la propriété littéraire est en quelque sorte aux prises avec le droit public ; nous qui trouvons place pour ces deux droits et qui ne croyons pas que l'un ne puisse subsister que sur les ruines de l'autre, nous ne voyons pas dans le droit public l'adversaire de la propriété littéraire, comme tendent à le faire croire ses ennemis, et par une sage conciliation, tout en suspendant leurs effets dans la limite du droit et de la justice, nous reconnaissons leur authenticité dans toute sa vigueur et toute sa vérité. La première phase, c'est la lutte (et celle-ci je la reconnais) des auteurs et des libraires, lutte qui, à nos yeux, ne semblerait pas bien terrible à soutenir, et dont il est aisé d'ailleurs de prévoir l'issue. Aussi voyons-nous les avocats de la propriété littéraire défendre leurs clients presque exclusivement contre les libraires. Je viens de citer l'avocat général Séguier ; il convient de nommer aussi le savant abbé Pluquet, qui publia en 1778 trois mémoires anonymes sous le titre : *Lettres à un ami sur les affaires actuelles de la librairie ;* puis un autre anonyme qui publia, le 19 décembre de la même année, une *Lettre à M. D...*, où se trouvent de remarquables passages : « La propriété, y est-il dit, est un droit exclusif acquis par le travail ou par l'industrie, et l'homme a un droit exclusif à tout ce qui existe par son travail ou par son industrie, ou qui en est le résultat; aucun autre que lui n'est en droit de s'en emparer ou d'en user sans son consentement. Voilà l'origine et l'essence de toute propriété. L'application en est facile à la question qui s'est élevée sur la propriété littéraire. La nature ne fait naître aucun homme avec un droit exclusif à telles ou telles connaissances; les sciences sont un bien commun à tous les hommes; mais la nature ne fait naître aucun homme avec la connaissance des vérités qui en découlent ou qui en dépendent; il faut qu'il médite, qu'il veille, qu'il s'applique pour acquérir ces connaissances, pour les communiquer, pour composer un ouvrage sur une partie quelconque des sciences humaines. *Son ouvrage est donc le fruit de son travail et de son industrie; il a donc sur son ouvrage un droit exclusif; il en a la propriété*, de manière que nul autre que lui n'a le droit d'en user ou de le communiquer sans son consentement..... Comment donc une bande de contrefacteurs osent-ils prétendre que, lorsque je publie mon ouvrage, il est à eux autant qu'à moi et qu'ils ont le droit de le faire imprimer comme moi aussitôt qu'il est sorti de mon portefeuille? En quoi donc ces forbans de la librairie ont-ils contribué à la composition de mon ouvrage, pour prétendre en partager avec moi la propriété? »

Voilà, je crois, la revendication la plus formelle et la plus explicite de la propriété littéraire; les rois aussi étaient bien favorables à cette propriété littéraire : l'arrêt de 1777 nous le prouve; mais avec cette différence que ce mémoire était trop libéral pour l'autorité, trop en avant même des idées et des préjugés du temps par l'affirmation du droit qu'il tendait à substituer complétement à la concession bénévole des priviléges.

Au reste, quelque insuffisant à certains égards que nous paraisse l'arrêt de 1777, il n'en fut pas moins l'objet d'une vive opposition de la part des libraires privilégiés, qui eux le trouvèrent trop favorable aux auteurs et basèrent leurs attaques sur une argumentation assez heureuse. Ce fut Linguet cette fois qui se chargea de leur cause; Linguet, l'avocat brillant d'une grande énergie de style. Voici quelques extraits de sa plaidoirie : « Avant tout, dit-il, il faut fixer les idées et tâcher d'établir des principes sûrs. Il faut savoir au juste ce que n'est pas et ensuite ce qu'est un privilége en librairie. Nous examinerons après si cette espèce de concession doit être éternelle, ou si l'autorité peut se permettre de la restreindre. — Non, le privilége en librairie n'est pas une grâce fondée en justice ; c'est une reconnaissance faite par l'autorité publique de la propriété de l'auteur ou de ses cessionnaires. C'est en littérature l'équivalent des actes notariés ou des jugements qui transmettent et assurent les droits des citoyens sur tout ce qui compose ce qu'on appelle des possessions civiles. Quand une sentence adjuge à un particulier un héritage, ou qu'un officier public consigne dans un contrat la déclaration que fait un propriétaire de sa cession, le juge ou le notaire ne donnent rien ; ils ne font que consacrer dans la personne de l'une des parties l'authenticité d'un droit antérieur. Il en est précisément de même des priviléges dont il s'agit ici. Ils constatent qu'un tel individu est vraiment l'auteur d'un tel ouvrage, ou qu'un autre individu a acquis les droits du premier. Le prince est un témoin puissant et armé, qui, en certifiant cette création ou cet accord, contracte l'obligation de le défendre. Le privilége est le sceau, la garantie d'une jouissance paisible, mais il n'est pas la source de cette jouissance. » C'était déjà diminuer le pouvoir de l'autorité en ne lui reconnaissant plus qu'un droit de garantie là où elle prétendait avoir un droit de création et de constitution. Puis il reprend : « Certainement, s'il y a une propriété sacrée, incontestable, c'est celle d'un auteur sur son ouvrage. Mais il y a deux manières de jouir de ces droits : l'une en l'exerçant par soi-même, l'autre en les aliénant à un prix qui dédommage de la cession. Pourquoi de ces deux méthodes n'y en a-t-il qu'une accessible pour les gens de lettres? Quoi! leur propriété à l'avenir dépendra de leur patience à se livrer aux détails mercantiles du commerce! Leurs terres seront confisquées après leur mort s'ils renoncent pendant leur vie à les labourer eux-mêmes! s'ils ont préféré de recevoir en une fois en argent le produit qu'elles auraient pu leur valoir pendant une longue suite de siècles! Et si le droit des auteurs est une propriété perpétuelle, elle l'est aussi bien dans les mains du libraire cessionnaire que dans celles de l'auteur lui-même. Les droits du cessionnaire ne peuvent pas être plus étendus que ceux du propriétaire primitif, mais ils ne peuvent pas être plus restreints. Un privilége n'étant en librairie que la reconnaissance d'une propriété préexistante, il ne peut la borner. Si elle est certaine au moment où elle commence, pourquoi cesserait-elle à celui où il expire? Si l'on s'obstinait à en faire dépendre la jouissance du renouvellement du titre, alors on s'engagerait donc à ne pas le refuser? » C'est la même argumentation dont je me servais plus haut, et qui m'amenait à traiter cet article de l'arrêt de 1777 d'anomalie. Ma qualification s'explique maintenant, et l'autorité de Linguet m'aide à la corroborer; mais en même temps j'avais raison de voir dans ce même article la porte de derrière réservée aux droits du domaine public, car c'est du sein des contestations auxquelles il donne lieu que jaillira la seconde phase de la question : la propriété littéraire affirmée, hors de contestation, aux prises avec le domaine public. C'est à la Révolution qu'il appartient de transporter la question sur ce terrain qui est son véritable, et c'est à Linguet, par la clarté avec laquelle il démontre l'anomalie de cet article, que nous devons la véritable position de la question. Il semblerait par là que Linguet ne fut pas plus heureux avocat pour ses clients que ne l'avaient été ses prédécesseurs, puisque leur cause se trouva engloutie dans l'immense cataclysme de 89 ; mais sur le moment, au contraire, dans une certaine mesure il obtint gain de cause. Le 30 juillet 1778, sur la requête des libraires privilégiés, et aussi en opposition à cette requête sur un mémoire de l'Académie française demandant que les avantages assurés aux gens de lettres par les règlements du 30 août précédent, deviennent encore plus stables et plus solides, l'arrêt suivant fut rendu : « Ceux qui obtiendront à l'avenir des priviléges pour imprimer des livres nouveaux en jouiront pendant tout le temps que M. le chancelier ou garde des sceaux aura jugé à propos d'accorder suivant le mérite ou l'importance de l'ouvrage, sans qu'en aucun cas ces priviléges puissent être d'une durée moindre que dix ans. » — Voilà pour les libraires ; c'était presque, on le voit, le retour pur et simple aux prolongations de priviléges, tant il est vrai qu'une mesure nouvelle ne se produit pas sans que la réaction en vienne atténuer le radicalisme ; période d'oscillation qui précède fatalement le règlement définitif. Quant aux auteurs, dont le mémoire de l'Académie française rappelait les droits, voici ce qui est dit : « Tout auteur qui aura obtenu en son nom le privilége de son ouvrage, non-seulement aura le droit de le faire vendre chez lui, mais il pourra encore, autant de fois qu'il le voudra, faire imprimer pour son compte son ouvrage par tel imprimeur, et le faire vendre aussi pour son propre compte par tel libraire qu'il aura choisi, sans que les traités ou conventions qu'il fera pour imprimer ou débiter une édition de son onvrage puissent être réputés cession de son privilége. » — Il est difficile de ne pas voir dans cet arrêt de 1778 une tentative de satisfaire tout le monde, libraires et auteurs ; aussi ne contient-il qu'un tissu inextricable de concessions faites aux uns aux dépens des autres. Il eut pour résultat, du reste, de donner lieu dans l'application à une série de difficultés et de procès, à l'issue desquels le Parlement décida qu'il serait fait de très-humbles remontrances au roi et nomma pour faire ces remontrances une commission qui ne fit jamais son rapport. La révolution de 89 éclata au milieu de toutes ces difficultés.

En résumé, si j'ai cherché à faire la lumière à travers tout ce dédale d'ordonnances et d'arrêts rendus le plus souvent sous l'influence de bonnes intentions dues aux idées de progrès et de justice, mais quelquefois aussi, il faut bien le dire, sous la pression d'intérêts personnels et même des nécessités du gouvernement (la politique n'était pas toujours indifférente, même à ces matières, par suite de l'antagonisme qui existait entre le Parlement et la royauté), c'est que j'y ai retrouvé ce que j'appellerai les papiers de noblesse de la propriété littéraire, incertaine d'abord, mal connue même plus tard, en ce que l'exercice du droit y est toujours soumis à l'autorisation du privilége, mais positive et réelle à nos yeux si nous voulons bien faire la part du caractère de la royauté et de sa suzeraineté complète sur les droits les plus personnels.

Nous voici arrivés à une tout autre période de l'histoire, dans laquelle il semblerait que la désorganisation générale eût dû se refléter jusque sur ce sujet, et que la propriété littéraire, bien jeune encore, n'ayant même pas reçu son baptême et mal déguisée sous le nom de privilége, dût, grâce à ce mot, ne trouver dans la législation nouvelle que condamnation et ruine. Quelques écrivains ont été sur ce point victimes d'erreurs qu'il importe de rectifier. On a dit que dans la mémorable nuit du 4 août 1789, où l'Assemblée nationale prononça l'abolition de tous les droits féodaux et de tous les priviléges, la propriété qui avait le malheur d'être qualifiée du nom de privilége fut atteinte par ricochet et engloutie dans l'immense naufrage de tous les droits illégitimes. Il n'en fut rien quant à la propriété littéraire elle-même, et ce n'est vrai qu'en ce qui concerne les prescriptions légales, les titres et les formes applicables à sa garantie. Il n'en résulta pas moins cependant une sorte d'abandon, sans déclaration précise, qui fut la cause d'un procès célèbre, et par suite nécessita la loi du 19 juillet 1793. C'est aussi ce même procès qui me servira à prouver la vérité de ce que je viens d'avancer, contradictoirement à beaucoup d'écrivains, à savoir, que tous les privilégeset distinctions abolis dans la nuit d'août 89 n'ont aucun rapport avec la propriété d'un auteur sur son ouvrage.

Voici maintenant les détails de ce procès.

Un sieur Boehmer, libraire à Deux-Ponts, avant que cette ville fût prise et réunie à la France, y vendait une édition contrefaite de *l'Histoire naturelle* de Buffon. En l'an II les troupes de la République occupent Deux-Ponts, l'imprimerie et la librairie de Boehmer sont mises sous le séquestre, lui-même est arrêté. Plus tard, rendu à la liberté, il recouvre l'exploitation de son fonds de librairie, à condition de s'établir dans la ville de Metz. Là Boehmer, continuant son commerce, reprend la vente de son édition contrefaite de Buffon. La veuve de l'illustre écrivain, avisée de ce qui se passe, fait procéder à la saisie des exemplaires, et poursuit Boehmer. Celui-ci excipe de son titre de propriété ; soutient que le droit des auteurs circonscrit par le temps, par les lieux, n'est pas un véritable droit de propriété; que c'est une faveur, une exception au droit commun, un privilége, et que tous les priviléges ont été abolis dans la nuit du 4 août 89. Sur ces entrefaites, la loi de 93 est rendue, et Boehmer en repousse d'avance les conséquences, en alléguant qu'elle ne dispose que pour l'avenir, et qu'elle ne peut protéger les ouvrages des auteurs décédés. Le 7 fructidor an VII, un jugement du tribunal civil de la Moselle accueillit ces arguments, et donna raison à Boehmer. Mais, sur le pourvoi de la veuve Buffon, la Cour de cassation annula le jugement du tribunal de la Moselle, sur ce que les décrets du mois d'août 89 qui ont aboli les priviléges et distinctions, et rendu la presse libre, n'ont aucun rapport avec la propriété acquise à l'auteur sur son ouvrage. Voici le point important sur lequel je tenais à rétablir la vérité au moyen de l'arrêt de la Cour de cassation, et aussi des registres des communautés de libraires déposés aux manuscrits de la Bibliothèque impériale, que j'ai consultés, et qui parlent de concessions de priviléges obtenus vers le mois de juillet 1790; mais tous ces priviléges sont exclusivement au nom d'auteurs, ce qui prouve combien, avant même de faire une loi, on sentait la nécessité de protéger les auteurs. Le 19 janvier 1791 une première loi est rendue concernant les théâtres, sur la pétition présentée par la Harpe au nom des auteurs dramatiques, et ici il nous faut encore nous arrêter quelques instants; mais c'est que depuis 89 jusqu'en 93 nous manquons un peu de documents sur la façon dont on a traité les droits des auteurs. La prétendue abolition de tous les priviléges dans la nuit d'août 89 a engendré bien des erreurs, qui se sont propagées et qu'il importe de rectifier; et si j'ai avancé qu'il était dans l'esprit d'alors de reconnaître le droit des auteurs, je ne dois négliger aucun des détails sur lesquels j'ai moi-même fondé ma conviction.

La Harpe réclame donc de l'Assemblée constituante une réglementation plus libérale des droits d'auteurs dramatiques. Or, qu'est-ce que la Harpe entend par une réglementation plus libérale? C'est que les pièces de théâtre, après un certain nombre de représentations, ne fussent pas réputées la propriété des acteurs. Il ne s'agit que de la représentation; parle-t-il du droit d'impression? nullement. Et peut-on croire que si, contrairement à ma pensée, le droit d'impression, quelque imparfaitement réglementé qu'on le veuille, n'avait pas été de principe dans l'esprit de tous, et protégé encore par les anciens arrêts royaux, la Harpe eût négligé d'en parler, et de le faire valoir en même temps qu'il réclamait pour le droit de représentation? Le rapporteur lui-même, Chapelier, dont les paroles sont restées célèbres, ne parle du droit d'impression que comme d'un droit hors de toute contestation; ce droit-là, il ne le discute pas, il ne l'invoque que comme principe établi, et dont il se sert pour arriver au droit exclusif de représentation, qu'il fait consacrer en faveur des auteurs pendant toute leur vie et cinq ans après leur mort.

Ainsi jusqu'à la loi de 93 les priviléges en faveur des auteurs subsistent, la nuit d'août 89 ne les a pas atteints: nous en avons la preuve dans l'arrêt de la Cour de cassation obtenu par la veuve Buffon, dans les registres des communautés de libraires qui en font foi pour l'année 1790, et enfin dans la pétition de la Harpe et le rapport de Chapelier. Voici quelques extraits de ce très-remarquable rapport, auquel nous nous rangeons entièrement: « La plus sacrée, dit-il, la plus inattaquable et, si je puis parler ainsi, la plus personnelle de toutes les propriétés est l'ouvrage, fruit de la pensée d'un écrivain; cependant c'est une propriété d'un genre tout différent des autres propriétés. Quand un auteur a livré son ouvrage au public, quand cet ouvrage est entre les mains de tout le monde, que tous les hommes instruits le connaissent, qu'ils se sont emparés des beautés qu'il contient, qu'ils en ont confié à leur mémoire les traits les plus heureux, il semble que dès ce moment l'écrivain ait associé le public à sa propriété. Cependant, comme il est extrêmement juste que les hommes qui cultivent le domaine de la pensée tirent quelque fruit de leur travail, il faut que pendant leur vie et quelques années après leur mort, personne ne puisse sans leur consentement disposer du produit de leur génie. Voilà ce qui s'opère en Angleterre par des actes que l'on nomme tutélaires, ce qui se faisait autrefois en France par des priviléges que le roi accordait, ce qui sera dorénavant fixé par une loi, moyen beaucoup plus sage, et le seul qu'il convienne d'employer. Les auteurs dramatiques demandent à être *les premiers* l'objet de cette loi. » On le voit, le décret de 91 ne parle que du droit qu'ont les auteurs de faire représenter leurs pièces ; il fut suivi d'un autre décret du 30 août 1792 qui le complète; tous deux ont trait exclusivement aux ouvrages dramatiques, et notre intention n'étant pas de nous arrêter plus spécialement sur ce genre de production, nous avons hâte d'arriver à la loi du 10 juillet 1793.

Jusqu'en 1866, sauf quelques légères modifications, ce fut la loi de 93 qui régit la propriété des auteurs. Sur quel incident cette loi fut-elle proposée ? on l'ignore, et Lakanal, dans son rapport, ne donne ni l'historique ni la théorie du droit qu'il s'agit de réglementer. Quoi qu'il en soit, cette loi eut l'immense mérite de reconnaître d'une manière générale et absolue la propriété des productions de l'esprit, en ne la faisant plus dépendre de la volonté ou du caprice de l'autorité.

M. Laboulaye, qui a consacré à la propriété littéraire en France une cinquantaine de pages, trop courtes, vu le rare mérite avec lequel il a traité la question, s'est laissé entraîner par sa conviction solide et consciencieuse qu'il y a *droit de propriété*, jusqu'à nier à la loi de 93 et à celle de 91 le caractère d'une affirmation de ce droit.

M. Laboulaye veut (et nous sommes fiers de nous ranger à son avis) qu'il y ait affirmation d'un droit et non concession de la société; mais je ne peux m'empêcher de trouver sévère son appréciation des lois de 91 et de 93, et de ne plus partager son opinion lorsqu'il refuse de voir dans ces lois l'affirmation du droit qu'il réclame. Voici ses paroles : « Rien n'est changé dans les idées ni dans la législation; le mot de propriété, il est vrai, a remplacé celui de privilége; mais cette propriété n'est toujours qu'une concession bénévole faite par la société. .... Le 10 Juillet 1793, la Convention rendit un décret célèbre qui, etc..... ; mais, malgré les déclamations du temps, on ne voit pas qu'on ait changé d'opinion sur le caractère de la propriété littéraire.... »

Comment, il n'y a rien de changé dans les idées, le mot seul a varié et il continue à ne s'appliquer qu'à une concession bénévole ! mais Chapelier (rapporteur de la loi de 91) n'a-t-il pas dit ici : « La plus sacrée, la plus inattaquable de toutes les propriétés, c'est l'ouvrage !» Et plus loin : « Il faut que pendant la vie de l'auteur, et quelques années après sa mort, personne ne puisse, *sans son consentement*, disposer du produit de son génie. » Quel est le cessionnaire là ? quel est le cédant ?.... Et Lakanal, rapporteur de la loi de 93, n'a-t-il pas proclamé que « de toutes les propriétés, la moins susceptible de contestation, c'est sans contredit celle des productions du génie ; et si quelque chose peut étonner, ajoute-t-il même, c'est qu'il ait fallu reconnaître cette propriété, assurer son libre exercice par une loi positive ; c'est qu'une aussi grande révolution que la nôtre ait été nécessaire pour nous ramener, sur ce point comme sur tant d'autres, aux simples éléments de la justice la plus commune. » Je crois qu'il suffit, à côté de ces deux langages qui me paraissent déjà par eux-mêmes assez nets, de rappeler les termes de l'arrêt de 1777 : « Le privilége est une grâce fondée en justice qui a pour objet de récompenser le travail de l'auteur. » De ce rapprochement, je ne peux, comme M. Laboulaye, tirer la conclusion que rien n'est changé dans les idées, et que seul le mot de propriété a succédé à celui de privilége, pour désigner la même concession.

Au surplus, si je me suis arrêté quelques instants sur cette appréciation des lois de 91 et de 93, et si j'en ai souligné le côté qui m'a paru un peu injuste, c'est qu'au contraire de M. Laboulaye, j'ai été frappé du développement de la propriété littéraire sous l'empire des principes de 89 ; c'est que j'ai vu surgir tout d'un coup avec cette ère nouvelle une progression que je tenais à montrer du doigt comme la conséquence naturelle du triomphe de la pensée, de la parole et de la plume. Non, il ne faut pas s'y méprendre, il n'y a plus concession bénévole et arbitraire, il n'y a même plus comme en 1777, point extrême auquel la royauté avait été forcément amenée, droit légitime à demander une faveur; il y a un droit, droit reconnu et affirmé et devant lequel on s'incline.

Voici du reste les dispositions de la loi de 93 :

Article premier. — Les auteurs d'écrits en tout genre jouiront durant leur vie entière du droit exclusif de vendre, faire vendre, distribuer leurs ouvrages dans le territoire de la République, et d'en céder la propriété en tout ou en partie.

Article 2. — Leurs héritiers ou cessionnaires jouiront du même droit durant l'espace de dix ans, après la mort des auteurs.

Je ne cite pas les autres articles, ils n'ont pas

trait spécialement et directement à la matière qui m'occupe. Je veux seulement dire quelques mots d'une difficulté à laquelle pourrait donner lieu la rédaction de l'art. 1er : *les auteurs d'écrits en tous genres*, etc. Voilà là une disposition bien large ! comprend-elle des compilations d'ouvrages tombés eux-mêmes dans le domaine public ? La Cour de cassation, par l'organe de son procureur général Merlin, nous répond à ce sujet d'une manière fort satisfaisante ; voici à quel propos : Un sieur Cardon avait cédé à un libraire la propriété d'un livre intitulé : *Lectures chrétiennes en forme d'instructions familières, sur les épîtres et les évangiles des dimanches et des principales fêtes de l'année.* Ce même ouvrage, composé, comme l'avait dit dans sa préface le sieur Cardon lui-même, des prônes de feu M. Cochin et des sermons de Bossuet, Fénelon, etc., est édité par un libraire de Lyon. Le cessionnaire de Cardon intente un procès au libraire de Lyon en contrefaçon, et est débouté de sa plainte devant le tribunal et devant la cour. Mais à la Cour de cassation, où l'affaire est portée, ces deux sentences sont cassées, et les droits de cessionnaire de Cardon reconnus et validés sur le plaidoyer du procureur général Merlin. « Il est des compilations d'ouvrages littéraires, dit ce savant jurisconsulte, qui par l'immensité des recherches qu'elles supposent, par le discernement et le goût qu'elles exigent, peuvent et doivent passer pour de véritables productions de l'esprit, » et il cite comme exemple les *Pandectes* de Pothier, mais il en est d'autres, ajoute-t-il, qui se font, comme on dit vulgairement, avec des ciseaux, qui n'exigent qu'un travail de manœuvre, et qui, par cette raison, ne peuvent pas motiver à leurs artisans le titre d'auteurs. Or, les *Lectures chrétiennes* n'appartiennent pas à cette dernière catégorie ; donc elles sont une propriété; donc le libraire de Lyon n'a pas le droit de les réimprimer, tant qu'elles ne sont pas tombées dans le domaine public. Voilà pour les compilations d'ouvrages tombés dans le domaine public. Il pouvait se présenter aussi d'autres cas qui rendaient difficile l'interprétation de l'art. 1er. Un auteur complète par son travail l'ouvrage déjà publié ; aura-t-il pour ses additions une propriété particulière et indépendante de celle de l'auteur primitif? Non, les additions suivent le sort du principal, et tombent, comme la production première dans le domaine public. Nous avons en faveur de cette jurisprudence des arrêts célèbres qu'il serait trop long de citer.

Nous arrivons à l'art. 2 de la loi de 93: nous avons cru devoir chercher nous-mêmes pour les résoudre les difficultés auxquelles pouvait donner lieu la rédaction de l'art. 1er. L'art. 2 fixe à dix ans le droit exclusif des héritiers et des cessionnaires. La commission avait proposé cinq ans seulement, et ce fut l'amendement de Lecointe qui prévalut, amendement qui portait ce délai à dix ans. Il ne faudrait pas toujours chercher dans les lois, et surtout dans les travaux des commissions qui ont procédé à leur enfantement, une entente complète et une justification de tous les détails. Le principe s'y étale pompeusement dans les considérants, la routine, la négligence même s'y retrouvent dans le règlement des détails. Cette anomalie, qui est malheureusement vraie pour certaines lois, nous frappe plus particulièrement dans l'art. 2 de cette loi de 93. Le rapporteur propose cinq ans; la loi tout entière est votée, puis après, un amendement est proposé portant ce terme de cinq ans à dix ans : l'amendement est adopté sans discussion, et forme un article additionnel et final. Cinq ans, dix ans, il semble que l'on n'attache qu'une médiocre importance à la fixation exacte du délai. Et cependant c'est le seul terrain sur lequel une discussion sérieuse puisse s'engager, ainsi que nous le verrons par les lois suivantes. Bref, quelque insuffisant que soit le délai de la loi de 93, quelque peu d'explications, je dirai même de justifications qu'ait comporté cette modification au premier projet, la loi de 93 n'en est pas moins restée la loi type, en ce qu'en affirmant la propriété des auteurs elle l'a du même coup constituée comme elle doit être, c'est-à-dire une propriété *sui generis*, se distinguant, comme d'autres d'ailleurs, par son caractère essentiellement temporaire et reconnu comme le plus légitime, le plus sacré, sinon le plus éternel de tous les droits. Elle fixe un délai insuffisant ; ce sera aux lois postérieures à apporter là les améliorations que le progrès, la connaissance plus approfondie de la question portent en eux ; mais il faut toujours savoir gré à ceux qui les premiers ont posé les jalons d'une voie dans laquelle la mission du progrès est de marcher à grands pas.

Les auteurs ne furent pas satisfaits de la loi nouvelle, ils l'attaquèrent dès qu'elle fut promulguée, invoquant la nature du droit, les conditions générales de la propriété, regrettant même l'arrêt de 1777 qui, au moins, promettait des priviléges perpétuels. Ils demandèrent la perpétuité, et ils obtinrent la prolongation du délai, ce qui n'était que justice, tant leur droit était circonscrit dans d'étroites limites !

En 1810, le 5 février, un décret fut rendu qui porta à vingt ans le délai de dix ans, mais tout en faisant une distinction et surtout en introduisant une première innovation. L'innovation était d'accorder à la veuve de l'auteur un droit exclusif pendant toute sa vie au détriment des héritiers, si toutefois ses conventions matrimoniales lui en donnaient le droit. La distinction était de donner un délai de vingt ans aux descendants à partir de l'extinction des droits de la veuve, et de dix ans, comme antérieurement aux autres héritiers, à compter du décès de l'auteur, avec cette différence que, par suite du droit viager de la veuve, ils n'avaient plus rien à prétendre, si ce droit s'était prolongé pendant dix ans. C'est à la suite des paroles suivantes prononcées par Napoléon Ier, au sein du conseil d'État, que fut rendu ce décret :

« Une propriété littéraire est une propriété incorporelle qui, se trouvant dans la suite, et par le cours des successions, divisée en une multitude d'individus, finirait, en quelque sorte, par ne plus exister pour personne ; car, comment un grand nombre de propriétaires, souvent éloignés les uns des autres, et qui, après quelques générations, se connaissent à peine, pourraient-ils s'entendre et contribuer pour réimprimer l'ouvrage de leur auteur commun ? Cependant, s'ils n'y parviennent pas, et qu'eux seuls aient le droit de publier, les meilleurs livres disparaîtront insensiblement de la circulation. Il y aurait un autre inconvénient non moins grave : le progrès des lumières serait arrêté, puisqu'il ne serait plus permis ni de commenter, ni d'annoter les ouvrages ; les gloses, les notes, les commentaires ne pouvant être séparés d'un texte qu'on n'aurait pas la liberté d'imprimer. D'ailleurs, un ouvrage a produit à l'auteur et à ses héritiers tout le bénéfice qu'ils peuvent naturellement en attendre, lorsque le premier a eu le droit exclusif de le vendre pendant toute sa vie, et les autres pendant les dix ans qui suivent sa mort.

» Cependant, si l'on veut favoriser davantage encore la veuve et ses héritiers, qu'on porte leur propriété à vingt ans. »

Ainsi, pour Napoléon Ier, s'il y a droit, c'est un droit essentiellement personnel qui s'éteint avec l'auteur, et la concession qu'il fait indifféremment de dix ou de vingt ans ressemble assez à une de ces pensions que l'autorité accorde au descendant d'un auteur et qu'elle double sur une recommandation influente. Au surplus, il faut bien voir que ces déductions proviennent d'une interprétation erronée de la nature du droit, et, à la définition de Napoléon Ier, je demande la permission d'opposer la définition de Napoléon III, alors prince Louis-Napoléon :

« L'œuvre intellectuelle est une propriété comme une terre, comme une maison, elle doit jouir des mêmes droits et ne pouvoir être aliénée que pour cause d'utilité publique (1). »

Il est inutile de nous arrêter davantage sur cette loi de 1810 qui n'est qu'une courte étape dans cette rapide progression des délais accordés par les lois successives. Il nous a seulement paru intéressant de faire connaître la pensée de ce grand génie sur la propriété littéraire. Huit jours après ce décret, le Code pénal, lui aussi,

---

(1) Réponse du prince Louis-Napoléon à M. Jobard, auteur du *Monautopole*, 1844.

vint apporter sa part de protection en édictant des peines contre les contrefacteurs « qui portaient atteinte, disaient les rapporteurs Fauret et Louvet, à ces propriétés légitimes, d'autant plus chères à l'homme qu'elles lui appartiennent plus immédiatement, et qu'elles servent à l'instruction, au charme et à la gloire d'une nation. »

Après Napoléon Ier, la Restauration, elle aussi, s'occupa de cette question. Il semble en vérité que chaque gouvernement ait voulu dire son mot, et surtout ne pas s'exposer à encourir un reproche d'indifférence devant un sujet si élevé, si noble, et qui intéresse à un si haut degré toute cette aristocratie d'une nation : les hommes de littérature.

Le 19 décembre 1823, une ordonnance royale confia l'étude de la question à une commission composée des hommes les plus distingués dans les lettres et dans la politique, parmi lesquels : Lally-Tollendal, Portalis, Royer-Collard, Villemain, et présidée par M. de la Rochefoucauld. On y discuta longuement, car, suivant l'expression ingénieuse du président, on ne voulait pas laisser incertaine l'existence de la propriété littéraire, nouvelle espèce de légitimité. On n'en arriva pas moins à d'assez mauvaises conclusions. On reconnut « comme principe du droit appelé propriété littéraire le sentiment de justice qui oblige la société à récompenser les travaux qui contribuent à son instruction ou à son plaisir » ; on vit « un lien de droit entre l'auteur et la société, et dans ce quasi-contrat une sorte de donation entre-vifs. » Je ne vais pas plus loin dans ces citations, car je ne comprends pas un quasi-contrat qui devient une donation, et je crois remonter cent ans en arrière en présence de cette affirmation que le droit des auteurs est un privilége et une récompense. Au surplus, le projet de cette commission n'eut pas d'autre suite, d'autres intérêts vinrent y faire une prompte diversion. Et cependant il y avait eu au sein de cette commission des discours éloquents et habiles prononcés par MM. Lally-Tollendal et Auger. L'opinion de ce dernier surtout, membre de l'Académie française, est ce qu'il y a de plus complet sur la question, nous ne croyons pas mieux servir la cause de la propriété littéraire qu'en faisant cet extrait de son discours:

« Un homme conçoit l'idée d'un ouvrage littéraire; il médite son sujet, il le féconde, il l'exécute enfin en lui donnant cette forme de la diction sous laquelle il doit le communiquer aux autres esprits. Quoi qu'on puisse dire de la diffusion des lumières, de la communauté des idées et des faits, le tout qui résulte de cette série d'opérations est certainement un produit des facultés de l'auteur, le plus direct, le plus personnel, le plus exclusif qu'on puisse imaginer. Pour soutenir le contraire, il faudrait oser dire qu'*Athalie* n'appartient pas à Racine, *Tartuffe* à Molière, etc. L'ouvrage dont je parle a été tracé avec la plume, sur le papier; sous cette forme de manuscrit, il n'est pas seulement une propriété spirituelle, il est aussi une propriété matérielle, une sorte de meuble, d'effet, qui appartient uniquement à l'auteur, dont il peut disposer à son gré, et qui doit après sa mort appartenir à ses héritiers. De toute propriété on peut tirer un lucre, un avantage, soit en vendant les fruits, soit en louant la jouissance. Certes, l'auteur, le propriétaire du manuscrit peut le prêter successivement à dix, à vingt, à cent, à mille personnes, et exiger de chacune d'elles une rétribution pour le plaisir ou l'instruction qu'il lui aura procurée. En quelques mains que le manuscrit se trouve, il ne cesse pas d'être la propriété de l'auteur.

Ce mode de communication est long et incommode. Heureusement, un art merveilleux, inventé au quinzième siècle, donne le moyen de faire, promptement et à peu de frais, un grand nombre de copies du manuscrit, qui peuvent être distribuées en même temps, à toutes les personnes qui veulent goûter et payer la jouissance de l'ouvrage. Si l'auteur possédait les instruments et connaissait les procédés de cet art, il pourrait fabriquer lui-même ses copies ; s'il avait l'habitude et les moyens du négoce, il pourrait lui-même les vendre ; mais il ne peut ni l'un ni l'autre. Il s'adresse à un imprimeur et à un libraire. L'intervention de l'imprimeur est celle d'un ouvrier qu'on paye pour son travail ; l'intervention du libraire est celle d'un commissionnaire qu'on indemnise de ses soins. L'industrie de l'un et de l'autre est salariée par l'auteur même, quels que soient les arrangements pris.

Cependant l'auteur a distribué ses copies et en a reçu le prix. Chacune d'elles devient à son tour, dans les mains de celui qui la possède, une propriété mobilière dont il peut user comme bon lui semble et qui après sa mort deviendra la propriété de ses héritiers. Cette propriété (remarquons bien ce point-ci), cette propriété est une copie seulement, c'est-à-dire une communication du manuscrit qui diffère de la première en cela seulement que le propriétaire conserve entre ses mains un moyen de renouveler, autant de fois qu'il le voudra, l'espèce de jouissance que peut procurer l'ouvrage. Or, toute copie suppose un original, sorte de matrice d'où peuvent être tirées d'autres copies encore. L'original subsiste, quel que soit le nombre des copies; celles-ci ne l'ont pas détruit, non plus que le droit de propriété qui y est attaché. Si le possesseur d'une copie imprimée voulait la multiplier par les mêmes procédés qui l'ont produite, il attenterait à cette propriété de l'original, il irait la détruire ou la diminuer dans les mains du propriétaire. C'est un délit que les lois doivent punir, et qu'elles punissent en effet, du moins tant que l'auteur existe.

Si cet auteur vivait éternellement, qui oserait nier qu'éternellement aussi il ne fût le propriétaire exclusif de son original et du droit d'en produire des copies? Mais il meurt : sa propriété doit-elle mourir avec lui? Si son ouvrage, si son original est sa propriété durant toute sa vie, quelque longue qu'elle puisse être, pourquoi ne serait-il pas la propriété de ses héritiers après sa mort et jusqu'à l'extinction de sa race, aussi bien que son champ, sa maison ou son lit? On n'en peut concevoir le motif.

J'en suis maintenant profondément convaincu : un ouvrage littéraire est une propriété d'une nature particulière sans doute, une propriété *sui generis*, mais une propriété tout aussi incontestable qu'aucune autre et devant avoir toutes le conséquences d'une propriété ordinaire, quelles que puissent être les difficultés de l'application. Ce sont ces difficultés, j'en suis persuadé, qui ont seules empêché jusqu'ici la franche déclaration du principe, ou qui ont forcé le législateur à en restreindre, à en borner l'effet, comme si une chose, par la simple volonté de l'homme, pouvait, après un certain temps, cesser d'être cette chose, quand sa nature n'a subi aucun changement, aucune altération quelconque. »

On s'étonne à une pareille lecture qu'elle n'ait pas entraîné toute la commission.

La nouvelle monarchie de 1830 ne resta pas non plus indifférente à cette question : dès 1836 une commission fut instituée sous la présidence de M. Philippe de Ségur, et le 5 janvier 1839 M. de Salvandy, alors ministre de l'instruction publique, présenta à la Chambre des pairs un projet qui était presque entièrement le résumé des travaux de cette commission. Ce rapport de M. de Salvandy est très-remarquable, brillant dans la forme, serré dans l'argumentation ; nous n'osons en donner d'extraits(1); nous nous contenterons d'une analyse succincte. Il se prononce pour la propriété, qu'il traite, comme les autres, de sacrée, d'intime, etc. ; il témoigne même le penchant qu'il aurait pour la perpétuité, mais il s'arrête devant les périls qu'elle engendrerait, et, après avoir rendu compte de toutes les combinaisons qui ont été agitées au sein de la commission, il se prononce pour ce principe, que c'est une propriété dont l'étendue a ses limites dans la possibilité et dans l'intérêt public. Enfin il propose le délai de trente ans, ce qui est encore un progrès sur la dernière loi, mais un progrès dont on s'explique d'autant moins l'insuffisance que la commission, dont son rapport s'était beaucoup inspiré, avait proposé cinquante ans. La Chambre des pairs, après avoir entendu M. de Salvandy, nomma dans son sein

(1) Il est tout entier dans le *Moniteur* de 1839, p. 26.

une commission, dont le vicomte Siméon fut rapporteur. Tout en cherchant à concilier les opinions adverses, M. Siméon se prononça cependant pour la non-propriété, et il alla jusqu'à dire que le droit garanti aux auteurs n'est pas un droit naturel, mais un privilége résultant d'un octroi bénévole de la loi. Cette doctrine nous en avons fait justice, et grâces à Dieu il n'est plus question de la ressusciter. La loi ne fait pas de concession bénévole d'un droit existant indépendamment d'elle et qui puise sa source dans la justice la plus commune; elle reconnaît ces droits et par suite elle les confirme et elle les réglemente; mais elle ne peut pas être la source d'un droit naturel, et le plus naturel de tous en ce qu'il a trait à des productions marquées au coin de la personnalité et du travail. Ce qui est plus grave dans le rapport de M. Siméon, c'est la proposition qu'il fait de substituer aux mots de *propriété littéraire* ceux de *loi relative aux droits des auteurs sur leurs productions dans les lettres et dans les arts*, modification qui est la conséquence naturelle de ses prémisses, mais appellation dangereuse employée pour la première fois, et jetée aux générations futures comme un compromis commode auquel elles auront recours pour éviter toute affirmation précise sur la nature exacte de ce droit. Au reste, cette révolution ne fut pas proposée sans soulever de vives protestations au sein de l'assemblée, et nombre d'esprits élevés, soucieux de la conservation des principes tels que le comte Portalis, M. de Ségur, etc., demandèrent en termes graves et chaleureux le maintien du mot de propriété.

Ils obtinrent gain de cause, et sous ce nom la loi fut votée par la chambre des pairs le 21 mars 1839 par 78 voix contre 31. Elle concédait donc le délai de trente ans; mais MM. Villemain, Portalis et d'autres avaient parlé dans le sens d'un délai de cinquante ans. Deux ans après seulement cette loi fut portée, comme elle devait l'être, devant la chambre des députés : ce fut M. Villemain, devenu ministre dans l'intervalle, qui fut chargé de l'y présenter. Là, le langage du ministre à la chambre des députés diffère quelque peu de celui du pair de France; il ne va pas jusqu'à épouser les idées du comte Siméon, mais il maintient le délai de trente ans, contrairement à celui de cinquante qu'il avait proposé deux ans auparavant à la Chambre des députés. Une commission fut nommée, qui choisit M. de Lamartine pour son rapporteur. Nous ne voudrions pas dénaturer par des citations le rapport si remarquable de notre grand poëte du 13 mars 1841. En voici l'analyse. Il y a deux genres de travaux, ceux de la main, ceux de l'esprit; les résultats en sont différents, le titre de travailleur est le même. Ceux de la main qui ont le plus frappé la pensée du législateur ont été tout d'abord sanctionnés par lui, et la propriété a été instituée. Puis, les idées s'élargissant, la propriété mobilière s'est graduellement développée. Enfin une induction naturelle et juste a fait reconnaître que l'œuvre de l'intelligence était un travail utile, et les fruits de ce travail étaient une propriété. Et cette propriété est juste, utile, possible ; juste, parce que la veuve et les enfants ne peuvent mendier à côté des fortunes enfantées par le travail ingrat du père de famille; utile, parce que le travail de l'esprit est celui qui a le plus d'action sur les destinées du genre humain, possible, car elle se vend, s'achète, se défend comme les autres propriétés. Voilà très-succinctement les idées fondamentales de cette théorie de la propriété. Nous croyons inutile de dire que nous y souscrivons entièrement: il nous paraît impossible de résister à une logique aussi nette, aussi serrée. Arrivant à la pratique, voici maintenant l'argumentation de M. de Lamartine : comme philosophe, il proclame théoriquement la perpétuité de possession des fruits de ce travail; le législateur, au contraire, proclame rarement des principes absolus, surtout en matière de vérités nouvelles. Donc, pas de limite dans ses droits, mais une borne dans le temps. Il préfère cinquante ans à trente, parce que, dit-il, l'unité morale de l'écrivain se compose de trois êtres, l'auteur, sa femme, ses enfants, et que cinquante ans embrassent dans la moyenne probable des éventualités de la vie et de la mort le cercle entier de ces trois existences. Voilà le vrai terrain de la question, propriété issue du travail, due au travail, dérivant du travail. M. de Lamartine a eu le mérite de repousser bien loin l'idée du privilége, qu'il soit dû au roi, à la société ou à la loi. Mais continuons notre historique. Le projet de cinquante ans proposé par la commission, soutenu par M. de Lamartine fut repoussé; mais cette défaite ne porta pas bonheur à la loi ; car, bien qu'adoptée partiellement dans le vote distinct de ses articles, elle fut rejetée dans le vote d'ensemble à une majorité de 154 voix contre 108 (2 avril 1841).

Il ne faudrait pas se méprendre sur l'interprétation à donner à ce rejet de la loi; il ne provient que de l'impossibilité d'entente causée par ce délai de trente ans, délai trop court pour M. de Lamartine et ses amis, qui avaient demandé cinquante ans, et trop long pour MM. Renouard, Berville, qui ne voyaient dans le mot propriété qu'une *parole obligeante* et qui, raisonnant sur ce prétendu adage : *Publicité et propriété ne valent*, proposaient de s'en tenir au terme de vingt ans écrit de la main de Napoléon Ier dans le décret de 1810.

Nous arrivons maintenant au gouvernement actuel. Les paroles que j'ai eu occasion de citer plus haut du prince Louis-Napoléon nous sont un garant de la vive sollicitude avec laquelle l'Empereur s'est occupé d'améliorer la situation des auteurs en affirmant l'authencité de leurs droits. L'Empereur n'eut pas plutôt saisi les rênes du pouvoir qu'il manifesta le désir de s'occuper de la propriété littéraire, et qu'il provoqua sur cette question tant à la Chambre des députés que dans des commissions, les discussions des hommes les plus distingués. En mai 1853, sur la réclamation d'une députation d'auteurs et d'artistes, une loi fut immédiatement rédigée et envoyée au Corps législatif. Ce fut M. Jubinal qui en fit le rapport; mais comme on était à la fin de la session, la décision de cette loi dut être remise à l'année suivante et elle fut votée le 8 mars 1854. En voici le texte: «Article unique. Les veuves des auteurs, des compositeurs, des artistes jouiront pendant toute leur vie des droits garantis par les lois des 13 janvier 1791, 19 juillet 1793, décret du 5 février 1810, loi du 3 août 1844 et les autres lois ou décrets sur la matière. La durée de la jouissance accordée aux enfants par ces mêmes lois et décrets est portée à trente ans à partir du décès de l'auteur, compositeur ou artiste, soit de l'extinction des droits de la veuve.» Voilà la loi qui a été en vigueur pendant douze ans, loi qui fixe encore un délai insuffisant, mais qui du moins a le mérite à nos yeux d'être une nouvelle étape dans cette progression fatale de l'augmentation du délai, et qui a su se faire accepter facilement, je dirai presque sans discussion, caractérisée seulement par ces mots prophétiques de M. Guyard-Delalain : « C'est une loi d'urgence qui ne préjuge rien quant aux principes. La lumière se fera et la propriété littéraire sera reconnue. » Du reste, cette loi de 1854 n'est autre que la loi de 1839 votée par la Chambre des pairs et rejetée deux ans après par la Chambre des députés. C'était donc au gouvernement actuel que devait revenir le mérite de reprendre l'œuvre abandonnée par la monarchie de 1830, et à notre génération de proposer enfin des solutions, insuffisantes assurément, mais qui n'en témoignent pas moins du caractère libéral dont elles s'inspirent, et sur lesquelles n'avaient jamais pu s'entendre les hommes de 1826 et de 1841.

LOI DE 1866

La loi de 1866 a été préparée par une commission que l'Empereur a nommée par décret du 28 décembre 1861. A-t-elle répondu aux attentes de cette commission et se trouve-t-elle en corrélation d'idées avec les principes qui y ont été émis ? C'est ce qui va ressortir d'un examen approfondi et détaillé des travaux de la commission. La 1re séance se tint le mercredi 22 janvier 1862 au ministère d'État (1). Elle fut ouverte par un remarquable discours du président, le comte Waleski, discours auquel nous puiserons souvent, et qui est la plus éloquente et la plus irréfutable affirmation de la propriété littéraire. Il livre du reste la question à l'étude

(1) La commisssion de la propriété littéraire et artistique était composée de MM. le comte Waleski, ministre d'État, président; le comte de Persigny, ministre de l'Intérieur, et M. Rouland, ministre de l'Instruction publique, vice-présidents; MM. Barthe, premier président de la Cour des comptes; Dupin, procureur général près la Cour de cassation; Lebrun, membre de l'Institut; Mérimée, membre de l'Institut; de la Guéronnière, sénateur; Schneider, vice-président du Corps législatif; Nogent-Saint-Laurens, député; Vernier, député; Vuillefroy, président de section au conseil d'État; Suin, conseiller d'État; Duvergier, conseiller d'État; Herbet, directeur au ministère des Affaires étrangères; Flourens, membre de l'Institut;

des membres de la commission, et il propose l'ordre des travaux de la manière suivante : 1° Discussion de la question générale et proposition de la perpétuité; 2° s'il y a rejet du principe de la perpétuité, examen de la proposition de porter de trente ans à cinquante ans la durée de jouissance; 3° enfin amélioration de la législation actuelle, son complément, sa coordonation dans un Code unique par l'abrogation et le remplacement des lois antérieures. Cette marche est adoptée, et le lundi 3 février 1862 MM. Nogent-Saint-Laurens, Lebrun, baron Taylor se prononcent pour la perpétuité. M. Dupin leur répond, et, pour attaquer la perpétuité, il fait en matière de propriété une concession dont nous prenons acte, et que nous sommes fiers de joindre aux autorités que nous invoquons contre les adversaires de la propriété elle-même : « On veut un article doctrinal disant : il y a une propriété littéraire. C'est inutile, dit le savant procureur général, il y a une propriété littéraire, c'est évident. Il n'y a pas lieu de la proclamer, il faut la réglementer ; » mais il se prononce contre la perpétuité et surtout contre l'assimilation de cette propriété à la propriété matérielle.

Nisard, membre de l'Institut; Sylvestre de Sacy, membre de l'Institut; Augier, membre de l'Institut; Auber, directeur du Conservatoire; Alfred Maury, membre de l'Institut; le baron Taylor, président de plusieurs sociétés artistiques; le président de la commission des auteurs et compositeurs dramatiques; le président de la commission des gens de lettres; Imhaus, directeur de l'imprimerie au ministère de l'Intérieur; et plus tard son successeur le comte Treilhard; Édouard Thierry, directeur de la Comédie française; Théophile Gautier, homme de lettres; Ingres, membre de l'Institut; Camille Doucet, chef de division au ministère d'État, secrétaire; et MM. Georges Guiffrey, Eugène Plon, avocats; Eugène Ferrand, sous-chef du bureau de théâtres, secrétaires-adjoints.

Sans entrer dans un compte rendu détaillé de ce qui s'est passé au sein de la commission de 1861, je ne crois pas sans intérêt de faire connaître sur ce sujet l'opinion des principaux de ses membres et les phases les plus importantes de la discussion jusqu'à l'adoption du projet de loi que nous donnerons plus bas. M. Maury et M. Suin se prononcent contre la propriété, et ce dernier propose même de rayer le mot. MM. de la Guéronnière et Imhaus sont pour la perpétuité, mais avec une redevance qui, d'après le projet de M. de la Guéronnière, après la mort de la veuve et des enfants, viendrait prendre la place du droit de propriété, et se continuerait éternellement en faveur de tous les héritiers ou ayants cause de l'auteur. MM. Rouland et Dupin s'accordent à critiquer le principe d'expropriation pour cause d'utilité publique, qui pourrait bien, dit ce dernier, devenir une expropriation pour cause de fantaisie publique. Enfin la première partie de la discussion, celle qui proposait l'adoption de la perpétuité, est admise à la majorité de 19 voix contre 3 (1), et en ces termes : « La commission considérant que les œuvres de l'esprit et de l'art constituent une véritable propriété, et que, par cela même, il est juste que cette propriété se perpétue indéfiniment, est d'avis qu'une sous-commission soit chargée de proposer un projet de loi pour réglementer la propriété littéraire et artistique en prenant pour base de son travail le principe de la perpétuité. » Cette sous-commission fut composée de MM. Lebrun, président, vicomte de la Guéronnière, Nogent-Saint-Laurens, Duvergier,

(1) Il y avait eu une abstention.

Herbet, Imhaus, Camille Doucet. La perpétuité une fois admise, deux principes se trouvèrent en présence : la perpétuité avec l'assimilation au droit commun d'une part, et d'autre part, la perpétuité comme principe, mais avec la redevance perpétuelle, soit à partir de trente ans, ce qui ne changeait pas le délai alors en vigueur, soit à partir de cinquante ans, soit même à partir du décès de l'auteur. La sous-commission entendit des libraires, des éditeurs de musique, des membres du comité de la Société des gens de lettres, le président de la Société des auteurs dramatiques, etc., etc., et sous l'influence de cette enquête, non moins que sous l'influence de M. Nogent-Saint-Laurens qui avait préparé un projet fondé sur le droit commun en regard de celui de M. Duvergier où était adopté le système de la redevance, le droit commun faillit être adopté. Mais la crainte d'effrayer les esprits par un bouleversement trop radical de la législation actuelle, et de faire échouer ce principe de la perpétuité par d'aussi larges concessions, donna gain de cause à la redevance, qui fut votée par une majorité de cinq voix contre deux (1). Ce fut M. Duvergier, comme nous disions, qui fut chargé du projet de loi avec la redevance pour principe. Ce projet de loi se compose de trente-cinq articles, dont quelques-uns, au sein de la sous-commission d'abord, puis de la commission elle-même, quand il y fut porté, furent l'objet de discussions et même de modifications. C'est ainsi que par l'art. 3, M. Duvergier proposait un délai de cinquante ans à

(1) Ce furent MM. Nogent Saint-Laurens et Camille Doucet qui se prononcèrent pour la perpétuité et le droit commun.

partir du décès soit de l'auteur, soit de son conjoint, la propriété personnelle étant garantie dans ces conditions au conjoint de l'auteur comme à lui-même. La sous-commission maintint ces dispositions favorables à l'égard du conjoint de l'auteur, mais elle remplaça le délai proposé de cinquante ans par celui de trente. Enfin ce même article fut encore l'objet de remaniements de la part de la commission en assemblée générale, qui. après l'avoir renvoyé de nouveau au travail de la sous-commission, l'adopta définitivement dans les termes suivants : « A la mort de l'auteur son droit est dévolu à ses héritiers, à son conjoint, ou à ses légataires, conformément aux règles du droit civil. La durée des droits des héritiers, du conjoint, ou des légataires est fixée à cinquante ans à compter du décès de l'auteur. La même durée est assurée aux droits que l'auteur a pu conférer de son vivant à des donataires ou cessionnaires. » D'autres modifications furent apportées au projet de M. Duvergier, modifié déjà lui-même par la sous-commission. Mais nous avons tenu à nous arrêter principalement sur cet article 3, dont il nous a paru intéressant d'indiquer toutes les phases. Il serait trop long de reproduire le projet de loi auquel a donné naissance plus d'une année d'études consciencieuses de la commission; il ne contient pas moins de trente-six articles. Il nous suffira, je crois, après avoir esquissé à grands traits la manière dont il fut élaboré, d'en indiquer les principaux points : droit de propriété avec toutes ses conséquences et tous ses avantages pour l'auteur ; à sa mort cinquante années de ce même droit garanties à ses héritiers ou ayants cause : à l'expiration de ce délai de cinquante ans, le domaine public se substitue aux détenteurs du droit de propriété, mais à charge pour ceux qui veulent publier de payer un droit de 5 p. 100 du *prix fort* de tous les exemplaires compris dans chaque édition aux ayants cause de l'auteur sur la justification de leur qualité. Au cas de mariage, le droit de propriété littéraire reste propre à l'auteur ; toutefois la communauté venant à se dissoudre par la mort de l'auteur, le conjoint survivant a droit à la moitié de l'œuvre publiée pendant le mariage, à moins de conventions matrimoniales contraires. Il y a contrefaçon aussi bien quand on publie un ouvrage du vivant de l'auteur sans son consentement que quand on le publie plus de cinquante ans après sa mort sans s'être acquitté du droit de 5 p. 100 dont on est tenu envers ses ayants cause. De plus, quand l'ouvrage est tombé dans le domaine public, il faut avant de le publier en annoncer la publication par un avis inseré dans le *Moniteur*, dans le *Journal de la librairie*, et dans un journal publié au chef-lieu du département du domicile, et cet avis, qui contiendra l'indication de l'ouvrage, le nom de l'auteur, le mode de publication, les nom, prénoms, profession, domicile de celui qui se propose de faire la publication, devra être renouvelé deux fois de mois en mois.

Voilà donc le projet de loi qu'a élaboré cette commission de 1861 ; il fut voté à une majorité de vingt-quatre voix contre une et deux abstentions. Il y avait dans ce projet de loi une lacune que nous regrettons de n'avoir pas vu comblée ; c'est l'absence d'un article relatif à l'expropriation par suite de non-usage, expropriation qui, comme nous le verrons, existe en Angleterre (1), et qui est à mon sens le seul moyen de prévenir

(1) En Suède aussi, il y a déchéance pour le non usage.

la grande objection faite par les adversaires de la perpétuité et même de la temporanéité, à savoir, la crainte qu'un héritier ne détruise ou ne se refuse à publier par scrupule les œuvres de son ascendant ou de son père. Du reste, cette lacune, j'aurai occasion de la signaler aussi dans la loi de 1866, et ce sera mon principal grief contre elle ; car je ne partage pas l'avis de M. Duvergier, qui disait dans la commission de 1861 : « Quant à la suppression de l'œuvre par la famille, je ne saurais m'y arrêter, aucun exemple ne pouvant être cité dans le passé à l'appui de cette hypothèse, qui me paraît en conséquence purement gratuite pour l'avenir. » On ne peut citer aucun exemple pour le passé, d'accord, mais le fait pourrait se produire, et M. Lafond de Saint-Mur a su jeter l'effroi dans la Chambre, lors de la discussion générale de la loi de 1866, en rappelant que l'héritier de Voltaire, le marquis de Villette, a failli avoir à son tour pour héritier l'évêque de Moulins, auquel on aurait pu supposer des projets de dévot anéantissement. On peut ne pas partager ces craintes, mais il n'en faut pas moins compter avec leur éventualité, et il est prudent de tout faire pour les dissiper. En Angleterre cette mesure de l'expropriation ne trouve pas d'occasion d'application, mais le législateur anglais ne l'a pas moins fait édicter, et sans emprunter à nos voisins d'outre-Manche une copie servile de leur mode d'exécution, sans s'arrêter au mot d'expropriation, qui en théorie et en pratique a choqué les sentiments de plusieurs membres de la commission et dont on a singulièrement exagéré les inconvénients, ne « suffirait-il pas d'établir des condi-» tions de déchéance qui garantiraient les droits du

» public? » Ce sont les expressions de M. Duvergier, dont j'ai regretté de ne pas trouver l'application dans son projet de loi. Voilà mon principal grief contre la commission de 1861. Quant à la perpétuité avec redevance, c'est chez moi un article de foi si sincère que la propriété littéraire est une propriété que, dans la pratique, je voudrais lui en reconnaître tous les caractères, lui en assurer tous les avantages. Mais je me réserve dans ma conclusion de donner les raisons qui m'ont fait pencher pour la temporanéité, quelque séduisantes que soient les théories brillamment développées au sein de la Commission par les partisans de la perpétuité.

J'ai donné plus haut le projet voté par la commission de 1861 ; voici maintenant, peu d'années après, le projet de loi délibéré et adopté par le conseil d'État dans ses séances des 7 et 8 février 1866 :

Projet de loi sur les droits des héritiers et des ayants cause des auteurs (1).

Article premier. — « La durée des droits accordés par les lois existantes aux héritiers des auteurs, compositeurs ou artistes, est portée à trente ans à partir, soit du décès de l'auteur, soit de l'extinction des droits de la veuve en faveur de tous les héritiers, successeurs irréguliers, donataires ou légataires appelés conformément au Code Napoléon. Toutefois, lorsque la succession est dévolue à l'État, le droit exclusif est éteint, sauf les cas où il aurait été cédé par l'auteur ou par

(1) Je me contente de signaler que ces mots : droits des héritiers, sont employés là pour la première fois à la place de ceux de propriété littéraire. Plus loin, j'examinerai les raisons qui ont déterminé le rapporteur à ce changement de qualification.

ses représentants, sans pouvoir dépasser la durée de trente ans ci-dessus établie.

Art. 2. — Les héritiers, donataires ou légataires dont les droits résultant de lois antérieures ne sont pas éteints au moment de la promulgation de la présente loi, jouiront des avantages qu'elle accorde. Ils en jouiront après l'expiration des traités de cession en vigueur au même moment et qui n'auraient pas réservé pour le cessionnaire le bénéfice de l'extension éventuelle du droit. »

Le conseil d'État trouva sans doute que la commission de 1861 avait marché trop vite, car il se contenta de ce projet de loi, qui n'est qu'une réédition de la loi de 1854 au point de vue du délai. Il est vrai que l'amélioration consiste en ce que tous successeurs irréguliers, donataires, légataires y sont assimilés aux descendants, et ce n'est que justice. M. Riché, conseiller d'État, développe, dans un fort brillant exposé de motifs, les raisons qui militent en faveur de cette assimilation, et il n'est pas possible de ne pas y souscrire pleinement. Il y a, selon la durée de la propriété garantie lors de la mort de l'auteur, une plus-value pour la cession de l'ouvrage qui ne doit pas être soumise à l'existence ou à l'absence d'enfants, et Molière, Voltaire, Chateaubriand, n'ont pas une moins grande valeur littéraire parce qu'ils n'ont pas laissé d'enfants. Le projet de loi du conseil d'État contient une disposition sage, légitime, et quelque pieuse en elle-même qu'ait paru au législateur de 1854 l'idée d'échelonner la durée du droit selon la proximité des héritiers, puisque ce délai de trente ans n'a trait qu'aux enfants et que les autres héritiers restent sous le coup de la loi de 1793, c'est-à-dire dix ans, encore ne faut-il pas que ce soit aux dépens des intérêts de l'auteur, qui sont les premiers à sauvegarder. Voilà donc une mesure qui est en progrès sur la législation précédente ; mais combien ce délai de trente ans était insuffisant au gré des esprits ! Le corps législatif, écho de l'opinion publique, va nous le prouver. Ce fut le 19 février 1866 que ce projet de loi fut porté à la Chambre. Le 24 mai suivant M. Perras, au nom de la commission (1) chargée d'examiner le projet de loi relatif aux droits des héritiers et ayants cause des auteurs, fit son rapport et déposa en même temps un nouveau projet de loi adopté par la commission et le conseil d'État. Voici ce projet de loi ; je m'empresse de le citer pour le mettre en regard de celui du conseil d'État :

Article premier. — « La durée des droits accordés par les lois antérieures aux héritiers, successeurs irréguliers, donataires ou légataires des auteurs, compositeurs, ou artistes est portée à cinquante ans à partir du décès de l'auteur. Pendant cette période de cinquante ans, le conjoint survivant, quel que soit le régime matrimonial, et indépendamment des droits qui peuvent résulter en faveur de ce conjoint du régime de la communauté, a, *de préférence à tous héritiers*, *la jouissance* des droits dont l'auteur prédécédé n'a pas disposé par acte entre-vifs ou par testament.

---

(1) Cette commission était composée de MM. Jules Simon, président, le comte J. Murat, secrétaire, Noubel, Granier de Cassagnac, Pelletan, Latour Dumoulin, Chauchard, Jubinal, Perras, rapporteur.

Les droits *des héritiers et autres successeurs* pendant cette période de cinquante ans restent d'ailleurs réglés conformément aux prescriptions du Code Napoléon. Lorsque la succession est dévolue à l'État, le droit exclusif s'éteint, *soit immédiatement, soit à l'expiration des cessions qui ont pu être consenties par l'auteur ou par ses représentants, lesquelles recevront leur plein effet sans pouvoir excéder les cinquante ans ci-dessus fixés.*

Art. 2. — Les héritiers donataires ou légataires dont les droits résultant des lois antérieures n'étaient pas éteints au moment de la présentation de la loi (19 février 1866) jouiront des avantages qu'elle accorde, sous la réserve des faits qui se seraient accomplis dans l'intervalle qui s'écoulerait entre le jour de l'expiration du droit d'après les lois antérieures et le jour de la promulgation de la loi. Ils en jouiront après l'expiration des traités de cession en vigueur au même moment, et qui n'auraient pas réservé expressément pour le cessionnaire le bénéfice de l'extension éventuelle du droit.

Art. 3. — Toutes les dispositions des lois antérieures à celles de la loi nouvelle sont et demeurent abrogées. »

Enfin, nous allons remplacer les termes que nous avons à dessein écrits en italique par ceux qui font aujourd'hui la loi définitive de la propriété littéraire. Les textes étant une fois publiés ainsi, il nous sera plus facile et de les rapprocher et de les étudier. Au lieu des mots : « de préférence à tous héritiers, etc., » le Corps législatif a fait mettre: « *la simple jouissance des droits*, etc. » Puis avant ces mots : « les droits des héritiers, etc., » on a intercalé : « *Toutefois, si l'auteur laisse des héritiers à réserve, cette jouissance est réduite au profit de*

» *ces héritiers suivant les proportions et distinctions établies* » *par les articles* 913 *et* 914 *du Code Napoléon. Cette jouis-* » *sance n'a pas lieu lorsqu'il existe au moment du décès une* » *séparation de corps prononcée contre ce conjoint; elle* » *cesse au cas où le conjoint contracte un nouveau mariage.* » Puis le mot: « le droit des héritiers et autres successeurs, etc., » est remplacé par: « *des héritiers à réserve et* « *des autres héritiers ou successeurs.* » Enfin, là où le projet avait dit : le droit exclusif s'éteint soit immédiatement, soit, etc., on a adopté : « *Le droit exclusif s'éteint sans* » *préjudice des droits des créanciers et de l'exécution des* » *traités qui ont pu être consentis par l'auteur ou par ses* » *représentants.* » Quant à l'article 2, renvoyé une première fois à la commission, elle le reproduisit dans la nouvelle rédaction, et finalement il ne fut pas adopté ; il est donc entièrement à supprimer.

Voilà la loi actuelle sur la propriété littéraire, loi qui a surpris le conseil d'État, sur lequel elle est en grand progrès, et la commission de 1861, qu'elle laisse bien en avant; loi qui, par suite, a été l'objet de vives critiques et qui a du moins eu le mérite d'être une concession générale, concession aux partisans de la perpétuité, qui voient en elle une étape vers un délai qui peut être un jour illimité ou tout au moins doublé, concession aux adversaires de la perpétuité et même de la propriété en ce que bien qu'à leurs yeux le délai soit trop éloigné, du moins il y a toujours délai, et en outre le mot propriété a disparu. Sous l'empire de quelles impressions a-t-elle été votée? Elle a donné lieu à une discussion trop brillante pour nous dispenser d'y consacrer quelques lignes, quoique le souvenir en soit encore bien récent. Au lieu d'analyser d'abord le rapport de M. Riché, puis celui de

M. Perras, puis les discours prononcés à la Chambre, ce qui m'exposerait à des redites et à des longueurs, je préfère m'attacher aux idées principales de la loi, dont j'examinerai les solutions diverses en proposant à mon tour celles qui me paraîtront dériver davantage et de la nature du droit et de son historique.

Tout d'abord, prenons le titre : *Propriété littéraire*, disons-nous; *droit des auteurs*, a dit pour la première fois M. Riché, et après lui M. Perras. De tout temps on s'était servi du mot propriété littéraire. M. Riché le premier a imaginé de le remplacer par le mot : droit des auteurs; voyons son raisonnement en faveur de cette substitution. Notre langue moderne a le goût des mots ambitieux et abstraits, et cette sympathie un peu puérile a fait adopter le mot de propriété là où il n'y a rien de la propriété. « Quelques auteurs ont été aisément séduits par un hommage qui, en proclamant le caractère absolu et éternel de leur propriété, suppose à la fois que leur œuvre leur est exclusivement personnelle, sans qu'ils doivent rien à leurs devanciers, et que cette œuvre atteindra un avenir indéfini (1). » Je sais fort bien que la perpétuité, je vais plus loin, la temporanéité du droit n'est pas tout ; il faut encore l'immortalité et même la temporanéité de l'œuvre ; mais est-ce une raison pour hésiter à statuer sur leur sort ? M. Riché fait aussi allusion à un argument bien des fois répété et que l'on s'étonne de voir encore debout ; j'en ai dit quelques mots déjà dans mon préambule, c'est cette paternité obligatoire dont on prétend

(1) Exposé des motifs de M. Riché, p. 14.

gratifier chaque écrivain, en sorte que, indépendamment des chefs-d'œuvre de tous nos classiques et qui forment déjà un bagage fort enviable, il ne s'est rien publié qui en tout ou en partie ne soit à ajouter à la collection de leurs œuvres inédites. Virgile ne s'explique pas sans Homère, dit M. Bonjean ; mais alors comment peut-on expliquer Homère ? Racine ne s'explique pas sans Sophocle et Euripide, Boileau sans Horace ; et Alfred de Musset sans Shakespeare et Byron ; mais encore une fois comment expliquez-vous Sophocle, Euripide, Horace et même Shakespeare et Byron? Mais alors ce n'est plus la propriété que vous leur refusez ; c'est la gloire ; bien plus, vous êtes tout près d'en faire de vils plagiaires ! *Il n'y a rien de nouveau sous le soleil, tout est dans tout* ; ce sont là de ces expressions désespérantes et fatalistes qui ne peuvent prêter de refuge qu'aux hommes qui n'ont jamais senti battre sous leur poitrine cette parcelle d'essence divine et immortelle, cet atome qui est Dieu, et qui, secondé par le génie et la volonté, peut faire dépasser à l'homme d'un seul coup les illustrations les plus grandes de l'antiquité, les célébrités les plus transcendantes. Et qu'importent Virgile, Horace, Homère, les plus illustres génies ? Un homme peut venir un jour qui ne procédera pas d'eux, et dont les écrits laisseront bien loin derrière lui les plus beaux chefs-d'œuvre de l'antiquité. Partout je m'incline devant le talent, mais pas plus profondément devant celui que le hasard a placé avant un autre. Je ne puis donc accepter cette filiation fatale des idées qui produit la filiation des œuvres et du génie, non plus que cette doctrine du réservoir commun où tout le monde peut venir puiser, mais dans lequel on ne prendra rien qui vous soit spécial, et où du reste on viendra décharger son bagage pour le plus grand profit de tous, et le plus complet anéantissement de la personnalité. En effet, une fois que l'on aura rapporté son petit emprunt, quelque augmenté qu'il soit, il perdra son étiquette et vous ne saurez même plus de qui procèdent Boileau, Racine, de Musset. Je ne m'arrête pas davantage sur cet argument, et j'arrive à celui de fait. M. Riché dit : « Quand une fois l'auteur a livré son idée au public, le public a acquis quelque chose qu'il n'est plus au pouvoir de l'auteur de retirer. » Les lois de 1854 et de 1866, qui règlent les droits de la veuve et des héritiers ou ayants cause, n'ont pas abrogé l'art. 39 de la loi du 5 février 1810, qui dit : « *Le droit de propriété est garanti à l'auteur pendant sa vie*, etc., » et il est reconnu que l'auteur a le *jus utendi, fruendi, abutendi ;* je ne sache pas de plus grands apanages de la propriété. Est-ce que s'il me plaît, après avoir publié un ouvrage, d'en racheter tous les exemplaires et de les anéantir, quelqu'un au monde aura le droit de le trouver mauvais ? Où est le droit du public là ? Qui est-ce que je vole ? personne. Et comme le disait très-bien M. Jules Favre, qui n'est pas suspect là-dessus, ses idées se rapprochant beaucoup de celles du commissaire du gouvernement : « Je concède au créateur la rémunération qui est la conséquence de son œuvre, parce qu'il *est le souverain propriétaire.* La pensée sort de mon esprit, elle traverse mon cœur, elle prend une forme sensible ; que ce ne soient pas seulement les sténographes qui la reproduisent ; qu'il y ait, je suppose, une sorte de photographie magique, qui puisse à l'instant même la rendre présente aux quatre coins de l'univers ; *alors même je puis encore la reprendre avec son expression matérielle, je puis l'anéantir.*

J'en dispose, et ce droit souverain, qui m'apparaît comme le droit de propriété, je le reconnais à l'auteur, je le reconnais au nom de ce principe sacré qu'invoquait avec tant de bonheur et d'autorité l'honorable M. Jules Simon; je le reconnais au nom de la vérité, de la conscience. Si l'auteur s'est trompé, son erreur doit être désavouée : si l'ardeur de sa jeunesse a conduit sa plume sur un papier où ont été tracés des sujets frivoles, ou des scènes regrettables, il peut vouloir les faire disparaître; il peut ne pas vouloir que ses enfants aient à répondre de ses erreurs. » Qu'une fois l'auteur mort, cette propriété, qui en a tous les caractères et entre autres la transmissibilité, perde quelques-uns de ses avantages, et devienne dans les mains de ses héritiers une propriété *sui generis*, nous serons les premiers à le démontrer; mais tant que l'auteur est vivant, il est impossible de lui refuser ce droit. Voilà les principaux arguments qui ont déterminé M. Riché à supprimer les mots de *propriété littéraire*.

M. Perras, tout en suivant les errements du rapporteur du conseil d'État, s'étend peu sur les motifs qui l'y ont déterminé, « ne voulant pas, » dit-il, « donner une importance exagérée aux querelles de mots. De tous les cotés, » ajoute-t-il, « il se peut qu'une tendance involontaire expose les logiciens les plus convaincus, à se servir pour poser la question, de termes destinés à la résoudre; mais dans notre pays, le pays du clair langage et de la discussion loyale, on regarde aux choses plus qu'aux mots : propriété littéraire, droit des auteurs et de leurs héritiers, propriété intellectuelle, il n'importe; » et plus loin, rendant compte des modifications proposées au sein de la commission, il nous apprend que quelques membres avaient voulu rétablir le mot de *droit de propriété*, qui était le titre des lois antérieures, mais « que cette rectification, péremptoirement repoussée par le conseil d'État, perd toute importance si l'on réfléchit d'abord que le mot de propriété ne pouvait préjuger en aucune façon la question de perpétuité, sous une législation qui constituait pour les auteurs des droits temporaires et que d'autre part les réserves formelles ne laissent aucune place aux préjugés implicites à déduire d'un titre. »

Enfin, dans la discussion générale en réponse aux éloquentes paroles de MM. Marie et Pelletan, M. Riché, commissaire du gouvernement, s'explique franchement sur cette substitution de titre : « Notre projet n'a pas prononcé le mot de propriété, il aurait pu le faire sans danger, car les lois de 1793 et de 1810, qui ont prononcé ce mot, l'ont prononcé en face d'un droit qu'elles créaient temporaire, si temporaire en 1793 que c'était dix ans seulement. Puisque ce mot propriété en matière littéraire veut dire temporaire, nous ne risquions pas grand'chose en le mettant dans le titre de notre loi. Cependant nous ne l'avons pas fait, parce que ce mot de propriété inoffensif autrefois, on en a beaucoup abusé dans ces derniers temps, parce que de ce mot est sortie une théorie tout armée. sous l'influence de laquelle beaucoup de gens se sont crus logiciens invincibles en disant : Puisque c'est une propriété, pourquoi ne pas la traiter comme toutes les autres ? » J'omets à dessein l'incident qui s'est produit à ces paroles et qu'a provoqué M. Latour du Moulin, en opposant au commissaire du gouvernement l'autorité de Napoléon III, et j'arrive aux arguments que je crois pouvoir présenter pour la défense de l'ancien titre. Il n'y a pas eu une loi, il n'y a pas aujourd'hui un traité international qui ne reçoive cette dénomination. Dans la commission de 1862, M. Suin déjà avait proposé ce changement de titre, prétendant que ce n'était que par un abus de mot que l'expression de *propriété* s'était glissée dans la loi de 1810. M. le Président avait rectifié cette erreur en ajoutant que : « Dans toutes les discussions qui avaient eu lieu à la Chambre des pairs, à la Chambre des députés, au sein des commissions, c'était le mot *propriété littéraire* qui avait toujours prévalu ; que ce mot était donc définitivement acquis à la loi que la commission était chargée d'élaborer, et ne pouvait ni ne devait être remis en question. » On a peine à s'expliquer cette signification terrible, qu'a prise tout d'un coup ce mot, pour la génération de 1866, qui fait que, ce même mot, que le législateur a trouvé bon cinq fois de suite en l'espace de soixante ans (de 93 à 1854), que les plus illustres autorités ont consacré, comme la seule dénomination possible de cette grande manifestation de l'intelligence qui s'appelle une œuvre d'art, une œuvre de littérature, ce même mot, dis-je, un jour on le trouve mauvais, dangereux, et malgré l'inconséquence à laquelle on s'expose en rayant dans notre législation civile ce que l'on maintient dans la législation internationale, on l'efface à tout jamais en dépit de Portalis, de Turgot, de Séguier, etc, etc.; c'est qu'il faut aller plus loin, et bien qu'on ait remplacé le mot de propriété par celui de « droit des auteurs, » il serait à craindre que cette expression-là, elle aussi, ne disparût un jour pour ne plus faire place qu'aux anciens mots de privilége et de récompense, concessions discrétionnaires contre lesquelles protestera toujours la dignité littéraire, et que M. Lafond de Saint-Mür a repoussées avec énergie quand il a dit : « J'aimerais mieux encore, je crois, une aumône qu'un privilége ; une aumône, je puis la recevoir, un privilége jamais ; ce que nous avons, c'est un droit, et c'est parce que c'est un droit, que nous le réclamons. »

Enfin, j'en ai fini avec cette question du titre, et ma pensée se résumera dans l'argumentation même des adversaires de la propriété, dont je me servirai à mon tour contre eux. Il n'y a pas de propriété littéraire, disent-ils, puisqu'il n'y a pas, comme dans toute propriété, une chose existante préalablement possédée par l'occupation. J'adopte l'argumentation, et elle me sert même à montrer que la propriété n'en est que plus sacrée ; c'est ce qu'a résumé M. Waleski en disant : Le principe de la propriété mobilière, c'est l'occupation ; le principe de la propriété littéraire, c'est la création.

J'entre maintenant dans le détail de la loi; aussi bien le changement du titre est-il le plus grand reproche que j'aie à lui faire, et quels que soient les perfectionnements dont elle puisse encore être susceptible, elle n'en est pas moins la consécration d'une amélioration et d'un progrès notoires qui lui ont valu, du reste, de la part de la chambre l'unanimité des votes, moins deux voix. La première question qui se présente après le principe de la nature du droit, c'est le fait de sa durée, question que l'article premier de la loi a résolue par cinquante ans. Examinons ce délai; ce sera en même temps nous prononcer sur la *perpétuité* et la *temporanéité*. Or notre jugement voici comment nous le formulons :

La propriété littéraire est, de sa nature, temporaire.

Les adversaires de la propriété me répondront, je le sais: si elle n'est pas perpétuelle ce n'est pas une propriété, car il est de droit naturel, de droit divin que toute propriété soit indéfiniment transmissible. Voici ma réponse : la propriété littéraire est une propriété qui, dans les mains de l'auteur, en a tous les caractères, tous les avantages, *uti*, *frui*, *abuti*, qui se transmet par legs, succession, donation, qui est aussi longue que la vie de l'auteur, mais qui, du jour où elle a passé dans d'autres mains, quel que soit le mode dont elle ait été transmise, devient imédiatement frappée du caractère de temporanéité. En effet, une fois l'auteur mort, un certain délai écoulé, les exigences de l'intérêt public se sont agrandies et légitimées ; une sorte de droit né de longue possession s'est formé progressivement au nom de la société. Personne n'hésitera à reconnaître que dans les mains de l'auteur ou dans les mains de son cessionnaire la nature du droit n'est plus la même : il y a plus que propriété pour le premier, il y a moins pour le second. Et c'est ce qui me fait toujours m'étonner de cette assimilation forcée que l'on cherche à établir entre la propriété littéraire et la propriété mobilière ou immobilière. Peut-on citer un droit qui ressemble à celui de l'auteur sur son œuvre? L'auteur ne peut pas être exproprié, le propriétaire le peut; l'auteur jouit à son aise, comme il l'entend de son œuvre, et peut produire pour lui tout seul; sa propriété n'est pas circonscrite ni gênée; le propriétaire d'une maison, d'un champ peut voir son droit limité par des servitudes; propriétaire du dessus, il ne le sera pas du dessous, et il sera tenu de supporter une exploitation souterraine, c'est-à-dire qu'il n'y a pas de droit plus souverain que celui-là, et ce n'est que justice, car c'est le droit du créateur. Mais quand au droit dérivant de la création, droit essentiellement personnel, succède le droit essentiellement impersonnel qui dérive de la transmission par succession, legs ou vente, cette propriété perd son caractère sacré; elle est dépouillée d'une partie de ses attributs et cette faculté qu'avait l'auteur de faire jouir ou de ne pas faire jouir à son gré, de retirer même la jouissance après l'avoir accordée par la publication, cette faculté, dis-je, il ne peut pas la transmettre à son successeur, parce que pour cette propriété *sui generis* la mort de l'auteur a été le signal à la fois de l'ouverture des droits de ses héritiers et de l'ouverture des droits du public. Expropriation pour cause d'utilité publique, c'est-à-dire contrainte d'exploitation, prescription, impossibilité d'anéantir, voilà les limites dans lesquelles j'enferme ce droit, dans quelques mains que je le considère, dès lors que ce n'est plus dans les mains de l'auteur. Et je ne saurais trop insister sur cette distinction, parce que je la crois capitale, fondée sur les principes les plus élémentaires de la justice et de la liberté, et que j'y vois la conciliation de tous les droits. Indépendance absolue pour l'auteur, vécût-il plus de cent ans, et droit de vie et de mort sur le fruit de son travail (sauf, bien entendu, le droit de l'autorité publique, morale, religieuse de déférer devant les tribunaux et par suite peut-être de faire condamner à la saisie toute attaque contre un membre de la société, contre l'autorité, la morale, la religion), c'est le droit naturel, c'est la reconnaissance pure et simple de la propriété ; celle-là, je ne la réglemente pas; mais quand je me trouve en présence d'un cessionnaire, à quelque titre qu'il le soit, moi société, moi législation, j'interviens alors, je réglemente le droit nouveau, je le fais en respectant autant que je le dois la transmission de l'auteur lui-même, mais je prends aussi toutes mes précautions pour sauvegarder l'intérêt public, je porte une main (qui n'est plus sacrilége maintenant comme elle l'eût été si je m'étais attaqué au créateur) sur le droit transmis, et même, exécuteur testamentaire en quelque sorte du défunt qui, en n'anéantissant pas alors qu'il en avait encore le droit, a entendu que son œuvre serait publiée et profiterait à la société, j'exproprie le possesseur qui ne publie pas, et cette propriété que j'ai dénaturée en l'amoindrissant, je la frappe en outre d'une prescription légitime, basée sur l'intérêt de la société, auquel, je le répète, j'ai déjà (si je puis m'exprimer ainsi) entr'ouvert la porte à la mort de l'auteur, et aussi sur la difficulté de publication qu'offre une propriété perpétuelle. L'hérédité perpétuelle, nous en avons fait l'essence de la propriété ordinaire, mais pourquoi ? Ce n'est pas seulement parce que cela est juste, moral, utile, mais surtout parce que la terre ou les objets mobiliers qui font la matière de la propriété ordinaire sont, par leur nature et quoi qu'on fasse, destinés à tomber en possession privative. Et encore l'article 530 du Code Napoléon n'a-t-il pas déclaré que la rente perpétuelle serait essentiellement rachetable ? l'article 619 n'a-t-il pas restreint à trente ans l'usufruit des corporations? La loi des 18-29 décembre 1790 n'a-t-elle pas réduit à quatre-vingt dix-neuf ans les baux emphytéotiques ? Bien plus, de quelque côté que nous nous retournions, nous sommes frappés par le caractère temporaire de toutes choses. Les meubles se détériorent et se détruisent par l'usage, les édifices s'écroulent:

prescriptions, deshérences sont autant de limites apportées aux propriétés naturelles. Quant aux propriétés intellectuelles, hélas! toutes ont, suivant leurs différentes espèces, des chances diverses et inévitables d'extinction. Combien d'ouvrages antiques aujourd'hui perdus ! Combien peu de modernes iront à la postérité ! Concilions donc le principe avec la pratique des faits, et, reconnaissant en théorie la propriété littéraire, ce qui est un hommage dû au génie et au travail, donnons-lui une limite, mais une limite qui soit telle qu'on puisse dire que c'est une sorte de perpétuité. Ne nous arrêtons pas sur cette étape de cinquante ans accordée par la loi de 1866 et portons ce délai à cent ans après la mort de l'auteur; nous aurons paré ainsi aux difficultés de publication que présenterait un délai plus long et qui résulterait naturellement de la dispersion et du nombre des héritiers, et du même coup nous aurons assuré à l'auteur mourant la consolation que son œuvre bénéficiera à tous ceux dont le sort peut préoccuper ses derniers jours.

Je me contente d'indiquer ici l'expropriation que je crois utile, et la proposition d'un délai de cent ans à la place de cinquante; je reviendrai dans ma conclusion sur ces deux propositions, et j'en ferai valoir tous les considérants. J'arrive maintenant au troisième point de la loi, qui en est le côté essentiellement juridique, celui du *droit de la veuve.*

La loi votée en 1866 a dit, après des modifications apportées au projet du conseil d'État, et après un renvoi à la commission : « Pendant cette période de cinquante ans le conjoint survivant, quel que soit le régime matrimonial et indépendamment des droits qui peuvent résulter en faveur de ce conjoint du régime de la communauté, a la simple jouissance des droits dont l'auteur prédécédé n'a pas disposé par acte entre-vifs ou par testament. Toutefois, si l'auteur laisse des héritiers à réserve, cette jouissance est réduite au profit de ces héritiers suivant les proportions et distinctions établies par les articles 913 et 915 du Code Napoléon. Cette jouissance n'a pas lieu lorsqu'il existe au moment du décès une séparation de corps prononcée contre ce conjoint; elle cesse au cas où le conjoint contracte un nouveau mariage. »

Il nous faut faire un court examen rétrospectif pour ce qui concerne la veuve. Je dis court, parce que le décret du 5 février 1810 est le seul qui se soit occupé d'elle et qu'elle était encore sous sa juridiction avant la loi actuelle. Voici les termes de ce décret du 5 février 1810 : le droit de propriété est garanti à l'auteur et à sa veuve pendant leur vie, si les conventions matrimoniales de celle-ci lui en donnent le droit, et à leurs enfants pendant vingt ans. — Je ferai deux reproches à ce décret et encore je serai en reste avec le baron Locré, qui en considère la rédaction comme extrêmement négligée, et qui raconte même que ce fut par hasard, hors de la séance, et le règlement une fois terminé, que quelqu'un fit ajouter la limitation par laquelle les droits de la veuve sont subordonnés à ses conventions matrimoniales. Je lui ferai donc deux reproches : le premier, nous l'avons déjà adressé plus haut avec M. Riché : c'est de ne parler dans ce délai de vingt ans que des enfants, comme le fait du reste la loi de 1854 pour le délai de trente ans. Nous nous sommes, je crois, suffisamment étendus sur la dépréciation dans la cession de ses ouvrages que causait pour un père le malheur déjà assez grand de ne pas avoir d'enfants ou de les avoir perdus. Voilà le premier reproche; je ne le fais, du reste, que pour mémoire; il est en dehors du sujet plus spécial que je traite : du droit de la veuve. Le second, c'est de ne statuer que pour les veuves d'auteurs, non pas pour les veufs des femmes auteurs, et de faire une distinction selon le contrat du mariage. Le projet de loi élaboré au conseil d'État, le premier supprima cette distinction (1) et nous retrouvons cette suppression dans le rapport de M. Perras en même temps que cette innovation heureuse d'assimiler les veuves d'auteurs aux veufs de femmes auteurs. « La commission, dit-il, a été frappée de la distinction illogique faite par les lois actuelles entre la veuve commune en biens et les veuves placées sous tout autre régime matrimonial. Il lui a semblé que toutes les veuves devaient au même titre être investies ou privées de l'usufruit sur le droit de leur mari prédécédé. »

Un illustre jurisconsulte, M. Troplong, a dit : « Sans doute l'œuvre de la pensée est la plus personnelle de toutes; màis tandis que le mari était occupé à ses compositions, la femme se dévouait aux soins du ménage, à l'éducation des enfants ; chacun d'eux a donc mis à la masse commune sa part. Le mari a recu les soins de la femme ; il en a profité ; la femme doit aussi avoir son lot dans l'honneur et dans l'émolument des œuvres de

(1) Il est bon de remarquer aussi qu'une autre modification importante apportée par le projet du conseil d'État était d'étendre à tous successeurs, légataires, cessionnaires le bénéfice de trente ans que la loi de 1854 n'accordait qu'aux enfants.

son mari. » Je ne sache pas en effet de cause plus sacrée, et c'est aux fils de leurs œuvres qui ont atteint richesses, dignités, honneurs et célébrité, à dire tout ce qu'ils doivent à cette compagne fidèle du foyer, philosophe dans les mauvais jours, enthousiaste dans les bons, et en tout temps collaboratrice du travail et de la lutte par son courage et sa confiance. Il faut n'avoir pas trouvé sa place toute préparée dans le monde, pour comprendre combien les difficultés avec lesquelles on se trouve aux prises sont simplifiées dès lors qu'elles sont partagées. Aussi est-ce le regret des plus éminents jurisconsultes de voir que le Code civil, par une omission regrettable, n'a pas consacré ce que l'ancienne jurisprudence, plus prévoyante en cela, avait institué sous la forme d'un augment proportionné à la dot de la femme si elle était dotale, d'un douaire proportionné à la fortune de son mari si elle était commune. Cette récompense, que j'appelle un droit, il appartenait à la législation sur la propriété littéraire de l'établir, inaugurant là une mesure de justice qu'il serait à souhaiter de voir reproduite ailleurs. En effet, la part de la femme a paru plus saisissante et plus palpable en matière de production de l'esprit; il semble qu'elle a été la première dépositaire de la pensée et c'est elle qui a rétabli le repos et le calme dans ces fatigues de cerveau, dans ces productions quelquefois dangereuses dn génie humain. La loi de 1810, imparfaitement, incomplétement, avait rétabli en faveur de la veuve de l'auteur un quasi-douaire ; je dis incomplétement, puisqu'elle ne le faisait que pour la femme mariée sous le régime de la communauté. On a peine à s'expliquer cette distinction, et surtout qu'elle ait été si longtemps en vigueur; car enfin la femme est digne ou indigne; elle a partagé les travaux et les triomphes de son époux ou elle ne les a pas partagés; mais le régime sous lequel elle est mariée est indépendant de ces qualités, et, comme l'a fort bien dit M. Perras : « Les vertus domestiques ne peuvent être considérées comme l'apanage de la femme commune à l'exclusion de la femme dotale. » Le conjoint, quel que soit le régime sous lequel il est marié, a donc des droits sur l'œuvre de son conjoint, droits qui sagement ont été suspendus à la faculté de tester de l'auteur. Mais ces droits quels sont-ils ? cinquante ans, dans lesquels sont enfermés les droits des autres héritiers ou ayants cause, ce qui fait que si le conjoint survivait cinquante ans à l'auteur (et le fait, pour être fort rare, n'est pas moins susceptible de se produire, ne fût-ce qu'une fois; or, la loi doit tout prévoir), héritiers, ayants cause, cessionnaires, personne n'aurait rien. Voilà donc une partie du but proposé qui n'est pas atteinte, puisque les héritiers ne sont plus protégés ; mais la veuve elle-même au profit de qui les droits des héritiers semblent sacrifiés peut se trouver tout d'un coup privée des avantages qui lui sont accordés au moment même où ils lui sont le plus nécessaires si elle survit quelques mois seulement à l'échéance du terme de cinquante ans.

Est-ce à dire qu'on ait eu tort d'enchaîner le délai de la veuve dans celui de tous héritiers, cessionnaires? Non et le système des lois de 1810 et 1854, qui ne fait partir le délai des héritiers que de la mort de la veuve, n'est pas plus approuvable en ce qu'il constituait une injustice et une dépréciation du travail du célibataire, dépréciation que l'acquéreur d'un ouvrage littéraire était en droit de faire valoir, puisqu'il n'achetait que dix ans de publication. Il pèse même sur cette loi de 1854 une histoire lugubre comme la mort, cruelle et impitoyable comme l'injustice, que M. Jules Simon a racontée dans la discussion et que je demande la permission de rapporter : Alfred de Musset, déjà en proie à cette cruelle maladie qui devait l'emporter, pauvre et besogneux, vint un jour proposer à un éditeur l'acquisition de ses œuvres complètes. Il demandait un prix; l'éditeur, qui est commerçant, en offrit un tout différent; il le savait célibataire et il pensait à part lui qu'il n'aurait que dix ans pour écouler ce trésor magnifique. Quand tout d'un coup, se ravisant, il parut souscrire à ses offres; il y mit pourtant une condition et comme Alfred de Musset insistait pour la connaître, il lui prononça ce mot terrible, qui retentit dans le cœur du pauvre poëte comme un glas funèbre : mariez-vous. Ce qui voulait dire: hâtez-vous de faire une veuve, et vos œuvres auront doublé de valeur. Voilà ce qu'était la dernière loi de 54, et je ne sache pas de meilleure justification de la loi nouvelle, puisqu'elle met ordre à un si triste état de choses. Mais satisfait-elle encore pleinement aux exigences légitimes? non, puisque les deux buts qu'elle se propose peuvent n'être pas réalisés : la femme que l'on a entendu protéger d'une manière tout exceptionnelle et tellement exceptionnelle que cette protection a été l'objet d'une protestation éloquente de M. Jules Favre, qui réclamait le droit commun, la femme peut un jour, au moment même où ce secours lui sera le plus efficace, s'en trouver tout d'un coup dépouillée. En outre, cette loi est appelée droit des *héritiers et ayants cause*; or il peut se faire que ces héritiers et ayants cause n'aient rien du tout si la femme remplit à elle toute seule le délai de cinquante ans qui court à partir de la mort de l'auteur. Ces deux perspectives, rares, j'en conviens, mais, je le répète, une bonne loi doit tout prévoir, ont-elles été suffisamment pesées dans l'économie de la loi? Je ne le crois pas, car elles créent une inconséquence et une injustice. Quel est donc le moyen à la fois de ne pas retomber dans les errements de la loi de 54, qui consiste à prendre, par assimilation complète du conjoint à l'auteur, sa mort comme terme d'ouverture des droits des héritiers, et en même temps de donner satisfaction non plus éventuelle mais positive à ce même droit des héritiers? Je n'en vois pas d'autre que le terme de cent ans, ce même terme de cent ans que j'ai proposé en examinant la perpétuité et la temporanéité, ce même terme de cent ans qui répond à la nature du droit, à sa définition, au rôle qu'il doit avoir. Cent ans, c'est la garantie de l'éternité au conjoint de l'auteur, mais en même temps c'est la disparition de l'*alea* pour le cessionnaire; cent ans, c'est la garantie pour l'héritier que ses droits prendront naissance un jour à la place d'une éventualité qui ne pouvait pas être dans la pensée du testateur et qu'on a cru ne pas exister davantage dans la loi.

Il nous faut ajouter, pour compléter ce que nous avions à dire sur la veuve, que, sur un renvoi à la commission ordonné à la Chambre, son droit de jouissance fut réduit, au cas où il y aurait des héritiers à réserve, au profit de ces héritiers suivant les dispositions des articles 913 et 915 du Code Nap. (1); que cette jouissance

(1) Nous les rappelons pour mémoire : art. 913. Les libéralités, soit

ne fut pas accordée au cas où au moment du décès il y aurait eu une séparation de corps prononcée contre ce conjoint, et qu'enfin elle cesserait de plein droit si le conjoint contractait un nouveau mariage. Cette dernière exception fut introduite sur la demande de M. Jules Favre, qui présenta avec une grande justesse l'inconvénient de substituer aux droits de l'auteur une nouvelle famille chez laquelle on pouvait aisément ne pas supposer des sentiments de sympathie très-vive pour la personne ni pour les idées de l'auteur défunt.

Quant aux héritiers maintenant, pas de dérogation aux principes du Code, ils succèdent dans l'ordre établi par la loi ; mais ce qui constitue une amélioration, c'est que le délai est uniforme, qu'ils soient descendants, ascendants ou collatéraux ; et pour les cessionnaires, ils sont assimilés aux enfants, le niveau égalitaire de cinquante ans pesant sur tous indistinctement. Nous avons prouvé que ce délai est insuffisant; nous allons tâcher de résumer dans notre conclusion tous les motifs qui, à notre point de vue, militent en faveur du délai de cent ans.

---

par actes entre-vifs, soit par testament, ne pourront excéder la moitié des biens du disposant, s'il ne laisse à son décès qu'un enfant légitime, le tiers s'il laisse deux enfants, le quart s'il en laisse trois ou un plus grand nombre. — Art. 915. Les libéralités par acte entre-vifs ou par testament ne pourront excéder la moitié des biens si à défaut d'enfant, le défunt ne laisse un ou plusieurs ascendants dans chacune des lignes paternelle ou maternelle, et les trois quarts s'il ne laisse d'ascendants que dans une ligne. Les biens ainsi réservés au profit des ascendants seront par eux recueillis dans l'ordre où la loi les appelle à succéder ; ils auront seuls droit à cette réserve dans tous les cas où un partage en concurrence avec des collatéraux ne leur donnerait pas la qualité de biens à laquelle elle est fixée.

CONCLUSION

Me voici arrivé à la fin de ce travail. La vérité, je le dis avec franchise, je l'ai cherchée, le flambeau de l'histoire à la main. Quelque primitif et grossier que soit ce principe de la propriété littéraire dans le moyen âge, j'ai été frappé de voir son existence résulter du droit naturel avant même que l'appellation soit venue lui assigner la place qui lui était destinée. Il est résulté pour moi, de la lutte entre les libraires privilégiés et les libraires non privilégiés, un enseignement dont j'ai même accueilli avec joie le premier indice, c'est qu'au-dessus des priviléges du roi planait un droit qui devait être insaisissable, et qui était vraiment sacré celui-là, parce qu'il prenait sa source dans la liberté et la possession de soi-même. J'ai applaudi aux paroles de Lakanal, qui, le premier, a osé se prononcer sur le véritable état de ce droit; et quelque insuffisante qu'elle soit, j'ai su gré à la loi de 93 d'établir la transmissibilité et l'hérédité, qui sont, je crois, des conséquences décisives de la propriété. Enfin, j'ai compris par tous les travaux des commissions, par tous les discours des assemblées où était la vérité, et j'ai vu que, dans tous les engagements auxquels a donné lieu cette lutte entre la propriété littéraire et le droit public, la victoire était toujours restée à la propriété littéraire. Ai-je donc tort d'y croire ? et jamais droit a-t-il été plus visible et plus vrai ?

Il me serait aisé de renforcer mon assertion par d'illustres autorités : des citations, mais j'en suis encombré et j'en ai déjà fait beaucoup. Je demande seulement la permission de reproduire encore la lettre qu'écrivait Lamartine, le 15 août 1858, au président du Congrès de Bruxelles, composé d'hommes de lettres, de savants, d'économistes, de jurisconsultes de tous les pays, et réuni pour vider la question de la propriété littéraire : « Monsieur le Président, je regrette..., etc. (il s'excuse de ne pouvoir y assister). Il appartenait à la Belgique, terre intellectuelle par excellence, de prendre l'initiative de ce progrès de plus à accomplir dans la constitution des vraies propriétés. Un sophiste a dit : la propriété c'est le vol. Vous lui répondrez en instituant la plus sainte des propriétés, celle de l'intelligence. Dieu l'a faite, l'homme doit la reconnaître. »

Enfin, en me résumant maintenant sur la loi de 1866, ce que je lui reproche, c'est, je l'ai dit, d'avoir changé son titre ; ce que je lui reproche, c'est de n'avoir pas affirmé la nature du droit de l'auteur lui-même par un article spécial qui ne lui aurait donné d'autres restrictions que le droit commun ; c'est de n'avoir concédé qu'un délai qui ne remplit pas le but qu'elle a prétendu s'être proposé ; c'est, ne prenant pas souci de l'auteur et des siens, de ne s'être pas davantage montrée jalouse de l'intérêt public, en permettant que pendant cinquante ans un ouvrage qui serait utile au public, et dont il a le droit de demander communication (les auteurs de la loi l'ont reconnu), puisse lui être refusé, soustrait impitoyablement par le caprice d'un maniaque, et peut-être même soit exposé à la destruction et à l'anéantissement. Voilà les chefs principaux sur lesquels, je n'hésite pas à le dire, la loi de 1866 s'est montrée imprévoyante. Ce dont il faut lui savoir gré maintenant, c'est d'avoir été en progrès sur les lois antérieures, et ce mérite lui a valu, à juste titre, l'unanimité des votes.

Voici, en cette matière si difficile, les principes auxquels une étude consciencieuse nous a conduits. L'auteur est propriétaire, ou il n'y a pas de propriété sur terre ; je ne connais rien de plus sacré, de moins circonscrit que son droit. Ainsi Voltaire au lit de mort, Voltaire se repentant de ses attaques contre la religion, et subissant l'influence d'un prêtre qui eût mis cette condition à son pardon, aurait anéanti toutes ses œuvres; il y eût eu là une perte immense pour la société. Mais ce malheur, ce désastre, tout immense que je l'estime, je ne voudrais proposer aucun moyen de l'éviter, parce que là je me trouve en présence de la propriété dans toute sa liberté, dans toute son indépendance (1); parce que, moi auteur, je suis aussi maître de raturer la phrase que j'écris et dont personne n'a connaissance que de

(1) Je vais plus loin, et je reconnais le droit à l'auteur de faire détruire son ouvrage par dernière volonté. Le testament de Virgile ordonnait la destruction de ses œuvres ; l'empereur Auguste fit brûler le testament et conserva l'*Énéide* ; mais il était l'empereur Auguste, et aujourd'hui je ne sache pas qui aurait le droit d'intenter une plainte contre l'héritier qui exécuterait cette volonté du testateur.

brûler mon manuscrit et même tous les exemplaires de l'édition que j'ai publiée si je peux parvenir à les ressaisir; parce que jamais, quelque latitude que l'on donne au droit du public, on n'acceptera une loi qui aurait pour effet de me rendre la spoliation en échange de l'avantage qu'il m'a plu d'accorder à la société, de me retirer toute autorité là où ma création m'a fait maître. Et d'ailleurs cette propriété, n'avons-nous pas montré dans notre historique, qu'à toutes les époques tous les arrêts, toutes les ordonnances, toutes les lois l'ont consacrée ? Mais, en vérité, ce serait, il me semble, lui rendre un mauvais service que de la défendre davantage. Le droit des auteurs est donc une propriété qui en présente les trois caractères exigés par le Droit romain : *uti*, *frui, abuti ;* elle est transmissible et cessible; sa résistance à l'expropriation la met même au-dessus de toute autre propriété.

Si maintenant, l'auteur mort ou ayant cédé ses droits, nous l'envisageons dans les mains de tout détenteur, à quelque titre que ce soit, autre que l'auteur lui-même, comment se montre-t-elle à nous? sous une forme prescriptible ; comment voulons-nous, en outre, qu'on l'envisage? sous une forme utile, c'est-à-dire grevée d'une charge de jouissance, au moyen d'un système de quasi-expropriation que nous allons développer. Mais auparavant attachons-nous plus étroitement à la nature réelle de cette propriété, que je qualifie maintenant de propriété *sui generis*. L'auteur a donc disparu, et une autre personne s'est substituée à lui dans ses droits; mais au moment même où s'est produit ce changement de détention, ce n'est pas l'acquéreur ou l'héritier seuls qui ont acquis des droits ; la société, s'inclinant respectueusement devant la volonté du testateur, a consacré l'hérédité ou la cession ; mais en même temps elle a posé un jalon précurseur de l'ouverture de ses droits, et n'ayant plus la même cause sacrée d'abstention que devant l'auteur, elle a alors apporté sa réglementation, tandis qu'à l'auteur elle s'était contentée de lui faire hommage de sa reconnaissance. Du même droit dont elle a dit au cessionnaire ou à l'héritier : un jour je prendrai ta place, je voudrais qu'elle lui dît : exploite, ou si tu n'exploites pas, tu donnes par cela même ouverture à mes droits. Accomplis la volonté de ton cédant ou de ton auteur, qui ne t'a transmis son œuvre qu'à la condition pour toi d'en faire jouir les hommes ; ou, si tu n'es qu'un mandataire indigne, je me substitue à tes droits, je te dépossède. Et cette dépossession, ce qui m'a fait l'appeler une quasi-expropriation, c'est que dans l'expropriation il y a une indemnité préalable ; mais pour l'héritier qui n'édite pas je ne veux pas d'indemnité. Quand au bout de cinquante ans maintenant ; au bout de trente, au bout de dix autrefois, le domaine public se substitue au tenant, quel qu'il soit, des droits d'auteur, lui donne-t-il une indemnité ? Non, son droit prend naissance *ipso facto* ; or, qu'est-ce que nous demandons pour l'héritier qui ne publie pas ? La fiction de l'échéance du terme, qu'il soit de cent ou de cinquante ans. Et cette expropriation, je ne partage pas l'avis de ceux qui croient la remplacer par la temporanéité : au sein de la commission de 1862 M. de la Guéronnière a dit : « L'expropriation pour cause d'utilité publique est un expédient qui ne saurait trouver ici son application, et le moyen de faire cesser l'antagonisme qui s'élève entre l'intérêt public et l'intérêt privé serait de concédér un droit absolu et exclusif de publication à la veuve et aux enfants de l'auteur (1). » Peu importe le délai qui soit concédé, prenons le système de la loi de 1793, celui de dix ans ; n'est-ce pas causer un dommage immense à la société que de permettre que pendant dix ans un héritier, détenteur d'une œuvre de génie, la prive du profit qu'elle pourrait en tirer ? Il y a des mémoires d'hommes d'État qui ne doivent être publiés qu'un certain temps écoulé après leur mort; mais là je me trouve en présence de la volonté du testateur, que je respecte. Ainsi donc, ou bien proclamez les droits du domaine public à la mort même de l'auteur ; ou bien, prenez vos précautions pour qu'il n'y ait ni recel ni destruction de l'œuvre ; car, je le déclare, quelque court délai que vous admettiez, vous exposez la société à un dommage, et vous ne devez pas le faire puisque vous avez reconnu l'existence de ses droits.

Je propose, en outre, de substituer le délai de cent ans à celui de cinquante, parce que je ne crains plus la non-publication (et cette non-publication, elle est aussi dangereuse pour cinquante ans que pour cent), parce que j'augmente ainsi la valeur de l'ouvrage que l'auteur besogneux vendra dès lors plus cher ; parce que je protége la veuve à qui la loi, contrairement à son projet, ne donne qu'une protection qui peut être incomplète, parce

(1) Je n'ai pas eu occasion de m'arrêter sur ce système ; mais après les développements que j'ai donnés sur l'*alea* et sur l'injustice qu'il y a à protéger davantage l'œuvre d'un père de famille que celle d'un célibataire, on voit si l'éditeur qui acquerrait d'un auteur pourrait ne consulter dans ce cas que le mérite de l'ouvrage.

que je substitue aux droits éventuels des héritiers un droit positif et qu'en cela je me crois plus fidèle interprète de la volonté de l'auteur ; parce qu'enfin cent ans c'est le terme où finit la génération actuelle et celle qui en a entendu parler, que ce délai échu, la postérité commence, l'histoire et la société prennent leurs droits.

Je le répète : partisan de la propriété, je repousse la perpétuité parce que j'y vois une impossibilité matérielle. Comment, en effet, l'éditeur parviendra-t-il dans mille ans, par exemple, à rassembler tous les héritiers d'auteurs ou de cessionnaires ? Quels moyens aura-t-il, et quels jugements, quelles procédures ne lui faudra-t-il pas pour mettre d'accord des volontés diverses, des refus provenant d'absence ? Cette propriété peut-elle se mettre dans un lot et se liciter ? pas davantage, c'est une valeur trop variable et susceptible le plus souvent d'une trop grande dépréciation pour qu'il ne puisse pas se faire que, l'héritier y renonçant, elle ne devienne la proie d'un spéculateur, et ne sorte par ce moyen fâcheux de la famille même qu'elle a entendu avantager. Le délai de cent ans n'est pas assez long pour offrir tous ces inconvénients.

Quant aux autres mesures prises par la loi de 66 pour ce qui concerne la suspension du droit de la veuve, je les approuve sans restriction.

La propriété littéraire est donc une propriété de droit commun pour ce qui concerne l'auteur, une propriété *sui generis* dans les mains de tout conjoint, héritier, cessionnaire qui n'est plus l'auteur lui-même. Voilà son caractère juridique et moral ; le méconnaitre, ce serait porter atteinte à l'indépendance littéraire.

PROPRIÉTÉ LITTÉRAIRE

EN MATIÈRE DE MANDEMENTS, LIVRES D'ÉGLISE, etc.

Nous avons cru devoir consacrer un chapitre spécial aux livres d'église, mandements, livres d'heures, eucologes, qui sont régis par la loi du 7 germinal an XIII. Cette législation, toute spéciale, ressemble bien un peu aux autorisations et aux priviléges de l'ancien droit, mais là elle porte sa justification en elle-même, et il était difficile de rentrer dans le droit commun. D'ailleurs, c'est moins la propriété littéraire qu'il s'agit d'engager, que la surveillance qu'il importe d'exercer sur ce genre de publication. En matière de propriété littéraire proprement dite, le droit canon n'avait rien statué et aujourd'hui la morale ecclésiastique ne lui est pas précisément favorable dans son esprit. Cette omission du droit canon s'explique tout à la fois par l'esprit de congrégation qui a toujours tendu à substituer l'ordre, la communauté à la personnalité, et aussi peut-être par tout le dommage qu'a fait l'imprimerie à la religion. A son début, les papes furent les premiers à la prendre sous leur protection, à lui imprimer tout l'essor et tout le développement dont elle était susceptible ; mais ce fut un enfant qui mordit sa mère au sein et ses premiers bégayements furent le sarcasme et le mensonge contre les moines et les ecclésïastiques. Agent tout-puissant et par conséquent tyrannique, elle tendit à se substituer au langage de Dieu ; son influence fut même si grande que des hommes s'en servirent pour tuer la morale, pour tuer la conscience qui s'étaient révélées à l'humanité dans un langage plus élevé, mais moins palpable et moins visible.

C'est dans l'arrêt de 1777, arrêt que nous avons eu occasion de citer en partie dans notre résumé historique, que nous trouvons la première trace d'une distinction entre les livres d'heures et tout autre ouvrage. Elle est ainsi formulée art. 13 : « Les priviléges d'usages des diocèses, et autres de cette espèce, ne seront pas compris dans le présent. » Il nous suffit de rappeler que cet arrêt de 1777 défendait à tous les libraires qui auraient obtenu des priviléges pour imprimer un livre nouveau de solliciter aucune continuation de ce privilége, à moins qu'il n'y ait dans le livre augmentation au moins d'un quart. Bien auparavant, le 16 décembre 1716, nous trouvons un arrêt du parlement de Paris qui fait défense d'imprimer, vendre ou distribuer aucunes bulles ou autres expéditions de la cour de Rome sans lettres patentes enregistrées à la cour.

Aujourd'hui, les livres d'église sont régis par le décret du 7 germinal an XIII, qui est ainsi conçu : « Art. 1er. Les livres d'église, les heures et les prières ne pourront être imprimés ou réimprimés que d'après la permission donnée par les évêques diocésains, laquelle permission sera textuellement rapportée et imprimée en tête de chaque exemplaire. Art. 2. Les imprimeurs, libraires, qui feraient imprimer, réimprimer des livres d'église, des heures ou prières sans avoir obtenu cette permission, seront poursuivis conformément à la loi du 15 juillet 1793. »

Ce décret du 7 germinal an XIII fut rendu à la suite d'un arrêt de la Cour de cassation du 29 thermidor an XII sur le procès suivant. En l'an XII la veuve Malassis imprime un ouvrage ayant pour titre : *Publication d'une indulgence plénière en forme de jubilé, avec le mandement de M. l'évêque de Nantes, suivie d'une instruction en forme de catéchisme sur les indulgences et jubilés.* Quelques mois après, saisie est faite chez un libraire à Nantes de plusieurs exemplaires d'une édition nouvelle du même ouvrage, et ce libraire de Nantes est assigné par madame Malassis devant le tribunal correctionnel pour s'y voir condamner comme contrefacteur aux peines prononcées par la loi du 19 juillet 1793. Un jugement la déclare non recevable faute de n'avoir pas fait le dépôt légal, qu'elle s'empresse d'accomplir; après quoi elle fait encore saisir ce libraire de Nantes. Ce dernier allègue que l'ouvrage dont il s'agit est une propriété publique ; il est condamné à 300 francs d'amende et à la saisie des exemplaires contrefaits. Appel de ce jugement ; et à Nantes la Cour de justice criminelle décharge l'appelant de la condamnation prononcée contre lui par le jugement du tribunal. Pourvoi en Cassation de la veuve Malassis. M. Merlin, prenant la parole, examine la question de savoir si en thèse générale les évêques sont propriétaires de leurs mandements, si ce droit de faire imprimer leur est propre et s'il est cessible. La réponse pour lui est dans l'art. 1er de la loi du 19 juillet 1793 : cet article, dit-il, attribue aux auteurs d'écrits en tous genres le droit exclusif de les faire imprimer et distribuer dans tout le territoire de la France, et d'en céder la propriété en tout ou en partie; et si comme on n'en peut douter, un mandement d'évêque est un écrit, si, comme on n'en peut douter davantage, l'évêque qui fait un mandement est auteur de cet écrit ; il est également impossible de douter que l'évêque qui a fait un mandement n'ait le droit exclusif de le faire imprimer et vendre ; il est également impossible de douter que cet évêque ne puisse céder à qui il lui plaît la propriété de son mandement. Le moyen, en effet, de soutenir le contraire? Non-seulement ces expressions, écrits en tous genres, n'exceptent rien ; mais elles excluent même toute espèce d'exceptions. Le 29 thermidor an XII, arrêt de la section criminelle de la Cour de cassation, qui casse, pour contravention à la loi du 19 juillet 1793, l'arrêt qui avait déchargé le libraire de Nantes des condamnations prononcées contre lui.

Du reste, cette doctrine dont nous voyons l'application et qu'a consacrée le décret du 4 germinal an XII, était aussi applicable à tous les écrits composés par des fonctionnaires dans l'exercice de leurs fonctions. Citons encore là-dessus Merlin, dont l'autorité est d'un grand prix. « Y a-t-il rien de plus contraire à toutes les notions reçues que cette idée de refuser la propriété d'un ouvrage littéraire à l'auteur qui l'a composé dans l'exercice de fonctions salariées par l'Etat ? Il était aussi salarié par l'État le célèbre évêque de Clermont. Il l'était notamment pour prêcher dans la chapelle de Versailles ses chefs-d'œuvre d'éloquence, que tout le monde admire dans le *Petit Carême* de Massillon. Cependant, qui est-ce qui aurait osé lui contester la propriété de ses immortels discours? Ils étaient aussi salariés par l'État ce courageux Servan, ce savant Lebret, cet illustre d'Aguesseau, ce judicieux Gueydan, qui ont honoré les fonctions du ministère public dans les parlements de Paris et d'Aix. Cependant il n'est venu à la pensée de personne que leurs plaidoyers ne leur appartinssent pas, et qu'il fût libre à tout libraire d'obtenir un privilége pour les imprimer et vendre à son profit. »

Le décret du 7 germinal an XIII régit donc cette matière des livres d'église, etc., et le 23 juillet 1830, à l'occasion du Bréviaire parisien, la Cour de cassation rendit encore un arrêt conforme à ce décret. Cette nécessité de l'autorisation ne doit pas être restreinte aux ouvrages composés par l'évêque, tels que catéchismes, mandements, etc. Elle doit s'étendre à tout ouvrage de doctrine : paroissiens, eucologes, sainte-quarantaine, etc. (Le 9 juin 1842 la Cour de cassation a rendu un arrêt dans ce sens.) Elle doit être donnée pour chaque édition, et de ce qu'un éditeur a reçu une autorisation, il ne s'ensuit pas qu'un autre puisse publier le même ouvrage sans une nouvelle permission. (Cassation, 5 juin 1847.)

Il y a là, indépendamment du droit des auteurs, le droit de surveillance légitime des évêques, dont on ne peut pas les dépouiller et qui est conforme à la justice et à la raison. Il est aisé de concevoir, en effet, combien il importe que les livres liturgiques et tous ceux compris dans cette dénomination de livres d'église ne soient pas soustraits à l'autorité et à l'examen de l'évêque sans courir le risque de subir des interpolations hérétiques ou malveillantes au détriment de la religion et à la corruption des fidèles.

LA PROPRIÉTÉ LITTÉRAIRE A L'ÉTRANGER

Après avoir suivi les phases de la propriété littéraire littéraire en France; après avoir examiné la loi de 1866, et fait sentir ce qui m'y a paru défectueux; après avoir tenté enfin de qualifier aussi clairement que je l'ai pu, la nature de ce droit telle que je le comprends, je crois devoir sur ce sujet comparer la France aux autres nations. Je le dis d'avance : quelles qu'aient été les critiques que j'ai cru devoir adresser à notre pays, c'est encore lui qui, là comme partout, s'est placé à la tête de la civilisation et du progrès et a su un des premiers ouvrir cette voie de justice et de légalité où ceux-là sont le plus à louer qui le suivent de plus près. J'examinerai donc les états les plus importants l'un après l'autre : on comprend que je ne le fasse que très-succinctement; chaque nation a sur ce sujet son historique, ses lois successives, ses discussions, et il aurait fallu faire autant de volumes qu'il y a de pays. Je ne chercherai donc que les côtés excessivement saillants de la question, et ne jugeant pas utile de renouveler à propos de chacune des dernières lois les appréciations et les critiques qui seraient la conséquence naturelle de ma théorie, je me contenterai d'en citer les textes.

L'Angleterre seule est susceptible de plus de développements à cause de l'intérêt que de tout temps on a attaché dans ce pays presque à l'égal de la France à la propriété littéraire.

ANGLETERRE (1er juillet 1842.)

Comme en France, ce privilége des auteurs ou *copyright* (droit de copie), comme disent les Anglais, semble n'avoir commencé qu'avec l'invention de l'imprimerie. La protection royale fut là aussi le recours contre la contrefaçon, et sa forme fut le privilége, dont le plus ancien date de 1518. Le droit des auteurs ne se dégage que péniblement du droit des libraires; longtemps ils restent confondus tant à cause du prix insignifiant que les libraires achetaient le manuscrit de l'auteur, qu'à cause des frais considérables qu'entraînaient la composition et l'impression de l'ouvrage. C'est en 1710 que nous trouvons le premier monument d'une quasi-propriété littéraire. La dix-neuvième loi votée par le Parlement dans la huitième année du règne de la reine Anne est ainsi conçue : « Considérant que des imprimeurs, libraires, et autres personnes ont pris dernièrement la liberté d'imprimer, réimprimer, publier ou faire publier des livres ou autres écrits sans le consentement des auteurs ou propriétaires des susdits livres ou écrits, au très-grand détriment de ces derniers, et trop souvent à leur ruine et à celle de leurs familles; qu'il est nécesaire de prévenir de tels abus et d'encourager les hommes instruits à composer et à écrire des livres utiles, il est ordonné : que les auteurs ou cessionnaires de tous les livres publiés après le 10 avril 1710 auront seuls le droit de l'imprimer et de le mettre en vente pour le terme de quatorze ans à dater de la publication, avec prolongation d'un nouveau terme de quatorze années si l'auteur est encore vivant à l'expiration du premier terme. — Quiconque imprimera un livre dans la période susindiquée sans le consentement du propriétaire sera puni de la confiscation des livres contrefaits et d'une amende d'un denier par chaque feuille ; la moitié de l'amende réservée à Sa Majesté, et l'autre moitié au dénonciateur. » On a remarqué ces termes : *auteurs de tous livres publiés après le* 10 *avril* 1710 ; c'est que pour ceux publiés avant cette époque la loi donnait aux auteurs un privilége de vingt et un ans à dater de la publication de la loi.

Ainsi, tout en ne se prononçant pas catégoriquement sur la nature du droit, la loi de 1710 n'en accordait pas moins un délai de propriété de quatorze ans au moins et qui pouvait même atteindre vingt-huit ans. Mais nous allons voir que si le statut de la reine Anne a régi la question jusqu'en ces derniers temps, en matière de principes du moins on a marché à grand pas. En 1763 sur un procès de contrefaçon, le banc du roi rendit une décision célèbre qui est la plus éclatante affirmation des droits de l'auteur : « Quand un homme, y est-il dit, par l'effort de son intelligence produit une œuvre originale, il semble qu'il a un droit évident de disposer comme il l'entend de cette œuvre identique, et tout ce qui tend à changer la disposition qu'il en a faite paraît une invasion de son droit. Or l'identité d'une composition littéraire consiste entièrement dans le sentiment et dans le langage ; les mêmes conceptions, revêtues des mêmes expressions, sont nécessairement la même composition ; et quel que soit le moyen employé pour faire parvenir cette composition à l'oreille où à l'œil d'autrui, récit, écriture ou impression, quel que soit le nombre des copies ou le temps choisi, c'est toujours l'œuvre identique de l'auteur qui est ainsi représentée, et personne ne peut avoir le droit d'en agir ainsi, surtout à son profit, sans le consentement de l'auteur. Peut-être ce consentement peut-il être donné tacitement à tout le genre humain, quand un auteur laisse publier son livre par la main d'autrui sans réclamer ou réserver son droit, sans y imprimer aucune marque de propriété : c'est un présent fait au public comme la concession d'un pont, d'une église ; mais dans le cas où l'auteur vend un seul exemplaire, ou concède entièrement son droit (*the copyright*), il a été admis dans le premier cas que l'acheteur n'a pas plus le droit de multiplier les copies de ce livre pour les vendre, qu'il n'a le droit d'imiter dans le même but le billet qu'il a acheté pour entrer à l'Opéra ou au concert, et dans le second cas que la propriété tout entière avec tous ses droits exclusifs était transmise à perpétuité au cessionnaire. »

La propriété de droit commun, c'est-à-dire la propriété perpétuelle des auteurs, fut donc reconnue ; en appel la même affaire portée devant la chambre des lords y reçut cette solution : les auteurs ont un véritable droit de propriété sur leurs écrits; mais leur jouissance ayant été abrégée par le statut de la reine Anne, il n'y a pas de remède légal contre la violation du droit. En 1814 le statut 54 de Georges III porta à vingt-huit ans la durée du délai des auteurs, avec cette clause additionnelle que si l'auteur était vivant à l'expiration de ces vingt-huit années, on lui laisserait la propriété de ses livres jusqu'à sa mort. Ainsi, en cent ans on a gagné quatorze ans ; cette situation se prolongea sans protestation, quand en 1839 M. Talfourd, membre de la Chambre des communes, entreprit la défense de la propriété littéraire avec une chaleur et une éloquence rares. Nous ne pouvons donner ici la traduction de ses discours; on en trouvera de longs extraits dans l'ouvrage de M. Laboulaye : *Études sur la propriété littéraire en France et en Angleterre.* Il est difficile de se montrer avocat plus habile, légiste plus érudit, philosophe plus ami de la liberté et de la justice. Il demandait la durée de soixante ans après la mort de l'auteur : « ce qui permettra, disait-il, à l'écrivain, tout en s'occupant de charmer et d'instruire les âges à venir, de voir qu'il laisse dans ses livres mêmes un héritage qui lui rendra la mort moins terrible. » Sa proposition eût été accueillie sans la mort du roi, et quand il la reprit l'année suivante, il rencontra une opposition terrible de la part des libraires, opposition qui, plus adroite, se renouvela sous des formes d'amendement, et enfin, après cinq échecs successifs, découragé, vivement peiné même, il donna sa démission de la chambre des communes. Mais il avait jeté dans les esprits des idées qui ne devaient pas rester inutiles : nouvel Améric, il n'eut pas la gloire d'attacher son nom au vote d'aucun bill sur ce sujet; mais à lui du moins revient le mérite d'avoir préparé l'opinion et d'avoir initié le peuple anglais à ce langage presque inconnu jusqu'alors qu'un auteur était propriétaire de son œuvre. En 1842 lord Mahon reprit la motion de M. H. Talfourd et son projet amendé est devenu la loi qui régit aujourd'hui en Angleterre la propriété littéraire et qui a été votée sous la reine Victoria le premier juillet 1842 (1).

Il y a aujourd'hui en Angleterre trois sortes de propriétés littéraires qui sont l'objet de protections diverses de la part de la loi. La première : la propriété de la couronne et de ses cessionnaires nommée *prérogative Copyright ;* la deuxième, celle de certains colléges et de certaines universités ; la troisième, celle des auteurs ou de leurs cessionnaires.

La *prérogative Copyright* est le droit éternel (2) qu'a la reine de faire imprimer : 1° Les actes du Parlement, proclamations, ordres, etc. ; 2° La liturgie et les livres du service divin ; 3° La Bible. Ce sont des conséquences naturelles de l'autorité souveraine et spirituelle.

La propriété de certains colléges et de certaines universités, est celle qu'ont les universités d'Oxford et de Cambridge, ainsi que les colléges qui en dépendent, les quatre universités d'Écosse et les colléges d'Éton, Westminster et Winchester sur les livres à eux donnés ou légués. Cette propriété est perpétuelle, à condition que les impressions sortent des presses de ces universités. En vendant ces propriétés, on ne transfère pas leur caractère d'éternité.

Enfin le droit des auteurs (et c'est naturellement la plus considérable partie de la propriété littéraire) est de sept ans après leur mort, la propriété leur étant garantie de leur vivant. Si ce terme de

---

(1) Nous avons emprunté ces divers documents à l'ouvrage de M. Godson-Regnault : *De la propriété littéraire en Angleterre.*

(2) M. Godson-Regnault conteste ce droit.

sept ans expire avant un délai de quarante-deux ans depuis la première édition, le droit de propriété courra jusqu'à l'expiration de quarante-deux ans : ce qui revient à dire que le délai minimum est de quarante-deux ans. Pour les livres posthumes, ou publiés depuis la mort de l'auteur, quarante-deux ans de propriété exclusive sont garantis aux propriétaires du manuscrit, à leurs successeurs ou cessionnaires. Le cas de refus de publication de la part des héritiers ou ayants cause de l'auteur entraîne pour lui une sorte d'expropriation qui est ainsi formulée dans la loi anglaise : « Attendu qu'il » est à propos d'empêcher la suppression d'ouvrages » qui importent au public, il est dit qu'il sera loisible » au comité judiciaire du conseil privé de Sa Majesté, » sur la dénonciation qui lui sera faite, que le propriétaire d'un livre dont l'auteur est mort, a refusé de le » publier de nouveau ou d'en permettre une nouvelle » publication, et que par suite de ce refus, ce livre » peut être retiré de la circulation, il sera loisible, disons-nous, d'accorder au plaignant la permission de » publier ledit livre, de telle manière et sous telles » conditions que le comité le jugera convenable, et le » plaignant aura le droit de publier ledit livre, conformément à cette permission. »

Voilà l'état actuel de la loi anglaise en matière de propriété littéraire. Je ne voudrais pas me laisser aller à des critiques et à des discussions sur l'opportunité de certaines réformes, je n'ai pas qualité pour une telle entreprise, mais ce que je ne peux laisser passer sans approuver hautement et si hautement même que je voudrais voir la France emprunter cette disposition à l'Angleterre, c'est ce dernier article que je viens de citer :

l'expropriation dans les mains du cessionnaire de l'auteur, que ce cessionnaire soit héritier, légataire ou acquéreur. Et cet article je le voudrais, quand bien même la durée du droit des auteurs ne serait que de dix ans après leur mort. (Il existe bien en Angleterre où ce délai peut n'être que de sept ans.)

Ainsi voilà bien nettement la loi anglaise : si un auteur publie un ouvrage à vingt ans et meurt à soixante-deux, ses héritiers n'ont que sept ans de propriété ; si un auteur publie un ouvrage à cinquante ans et meurt à soixante, ils ont trente-deux ans de propriété. — Et dans tous les cas, l'expropriation pour le détenteur de cette propriété quel qu'il soit, pourvu que ce ne soit pas l'auteur lui-même, si ce détenteur se refuse à publier.

AMÉRIQUE (loi de 1831.)

Jusqu'à la séparation de l'Amérique de la mère patrie (1776), ses lois étaient celles de l'Angleterre. Aujourd'hui, les États-Unis sont régis par la loi de 1831, qui donne aux auteurs le droit d'imprimer, réimprimer et vendre exclusivement leurs œuvres pendant vingt-huit ans à compter du jour de l'enregistrement (*record*). Si à l'expiration de cette époque l'auteur, sa veuve ou ses enfants sont encore vivants, ils gardent la propriété pour un nouveau délai de quatorze ans.

AUTRICHE (loi du 19 octobre 1846.)

Le délai est de trente ans après la mort de l'auteur ; mais le gouvernement peut accorder un privilége plus étendu. Du reste, la dernière loi qui contient ces dispositions est déjà un peu ancienne (1846), et se ressent des idées monarchiques et autoritaires dans lesquelles ce pays se trouvait alors. Le chef de l'État est souverain maître, et il y a là, après le fait légal, une question de faveurs et de priviléges dont il est le capricieux dispensateur. Pour les œuvres posthumes, les héritiers en sont également propriétaires pendant tout le temps accordé pour les autres ouvrages, mais à partir de la première publication. — Les discours, sermons, cours publics y sont assimilés aux autres œuvres littéraires. L'auteur peut seul faire traduire s'il s'est réservé ce droit et l'a exercé dans l'année de la première publication, — le dépôt légal n'y a pas lieu. Enfin, en matière de contrefaçon, les tribunaux saisis d'une plainte de ce genre peuvent consulter des experts littérateurs ou artistes, et, en cas d'insolvabilité, il y a emprisonnement pour le coupable.

BELGIQUE

Le délai n'y est que de vingt ans après la mort de l'auteur. Pour les œuvres posthumes, comme en Autriche, la propriété des héritiers court pendant le temps accordé pour les autres ouvrages, mais à partir de la première publication ; et bien plus, si le nouvel ouvrage n'est pas joint aux œuvres complètes, les héritiers ont la même protection que l'auteur lui-même (le décret du 1er germinal an XII consacrait en France la même disposition). Le dépôt légal est exigé.

ESPAGNE (loi du 10 juin 1847.)

Comme en France, le délai y est de cinquante ans, (et il est bon de faire remarquer à l'éloge de ce pays que cette loi est pourtant du 10 juin 1847), l'Espagne a donc été la première à préciser devant l'Europe et le monde civilisé la vraie nature de ce droit en affirmant la propriété, avec son caractère de temporanéité. — Les héritiers des traducteurs n'ont que vingt-cinq ans, si la traduction est en prose, cinquante si elle est en vers. — Les ouvrages posthumes sont aussi la propriété des héritiers pendant cinquante ans à partir du décès de l'auteur, les discours, sermons sont assimilés aux autres œuvres. — Enfin, disposition toute spéciale, et dont nous ne trouvons rien d'analogue qu'en Italie, si les annotations d'un ouvrage sont utiles à la science, l'auteur peut reproduire l'ouvrage, moyennant indemnité réglée par experts. Nous nous prononcerons là-dessus quand nous examinerons l'Italie, où ce cas spécial est reproduit, mais mieux défini. — Le dépôt légal est obligatoire.

ITALIE (loi du 25 juin 1865.)

En matière de délai après la mort de l'auteur, nous nous trouvons en présence d'une distinction comme en Angleterre, mais plus compliquée encore. Ou l'auteur a vécu plus de quarante ans depuis la publication de son ouvrage, et alors à sa mort cet ouvrage tombe dans le domaine public, et pendant quarante autres années une redevance de 5 p. 100 est due à ses héritiers ; ou l'auteur n'a pas vécu quarante ans depuis sa publication, et à sa mort les héritiers achèvent cette période avec un droit de propriété analogue à celui de l'auteur; puis à la fin de cette première période, ils ont encore, bien que l'ouvrage tombe alors dans le domaine public, un droit de 5 p. 100 sur le prix de chaque exemplaire. — Relativement aux traductions, l'auteur a le droit exclusif de faire traduire son œuvre pendant dix ans à partir de la première publication, et s'il ne l'a pas exercé, tout le monde peut traduire et acquérir sur la traduction des droits d'auteur dans des limites ordinaires. — Enfin nous arrivons à cette expropriation dont nous parlions plus haut à propos de l'Espagne à qui l'Italie l'a empruntée : l'expropriation pour cause d'utilité publique peut être prononcée, le conseil d'Etat entendu, au profit de l'État, des provinces et des communes : une indemnité est allouée qu'ont réglée trois experts. Je ne suis pas partisan de cette mesure; la cause d'utilité publique est toujours un de ces motifs vagues, élastiques, qu'il est facile d'interpréter dans le sens du bon plaisir, et, à mon sens, c'est ouvrir la porte au régime discrétionnaire pour battre en brèche ce qu'il y a de plus respectable et de plus sacré. L'expropriation à l'égard de toute autre personne que l'auteur, celle-là je la comprends, basée sur d'autres termes que ceux de l'utilité publique, j'ai développé ce système plus haut, mais à l'égard de l'auteur, son droit, grâces à Dieu, plane au-dessus de tous les autres, et je suis aussi maître de ma plume que de ma pensée. Je préfère à cette disposition de la loi italienne la loi du 10 fructidor an IV, qui se contente de permettre à l'Etat de traiter à l'amiable avec les auteurs pour les ouvrages d'instruction publique.

PORTUGAL (loi du 8 juillet 1851.)

Trente ans de propriété à partir du décès de l'auteur. — L'éditeur d'un ouvrage posthume antérieur au XVIIIe siècle, le premier éditeur de chants nationaux, contes, tous monuments enfin de l'antiquité nationale ont également un privilége de trente ans; des discours, sermons, sont assimilés aux autres œuvres; le dépôt légal est obligatoire sous la forme de six exemplaires (c'est le seul pays qui en exige un si grand nombre). En matière de contrefaçon, les tribunaux peuvent prononcer l'emprisonnement s'il y a récidive.

PRUSSE (ordonnance du 3 juillet 1844.)

Comme en Portugal, le délai est de trente ans. Les ouvrages posthumes, les discours, sermons, sont assimilés aux autres œuvres. Il n'y a pas de dépôt légal ; il est remplacé par une inscription de l'œuvre sur un registre spécial.

RUSSIE (Ukase du 7 mai 1857).

Comme en Espagne et en France, cinquante ans après le décès de l'auteur sont garantis en pleine propriété aux héritiers. Le premier éditeur de chants nationaux, contes, monuments enfin de l'antiquité nationale est protégé pour une édition. Les lettres intimes (la Russie est le seul pays qui s'en soit occupé) sont considérées comme la propriété et à la fois de celui qui les a écrites et de celui qui les a reçues. Il faut donc le consentement de l'un et de l'autre pour qu'elles soient publiées. — Le dépôt légal est remplacé, comme en Prusse, par une inscription sur un registre *ad hoc*. Enfin, les tribunaux saisis d'une plainte en contrefaçon peuvent consulter l'Académie des beaux-arts, et les peines qu'ils appliquent seront quelquefois le fouet et la déportation.

Voilà, aussi brièvement que je pouvais la donner, la jurisprudence des principaux États de l'Europe en matière de propriété littéraire. Les délais, comme on le voit, y sont inégaux; deux nations seulement, la Russie et l'Espagne, ont le même chiffre que nous. Il est impossible quand on veut comparer plusieurs États entre eux, de ne pas faire la part des mœurs d'un pays et surtout de ses antécédents. La routine, si je peux me servir de ce mot familier, est une puissance avec laquelle on a toujours à compter; elle se glisse souvent sous les appellations respectables d'usages reçus, de principes invétérés, et l'humanité sait ce qu'il en coûte parfois de rompre avec elle. Quoi qu'il en soit, ce qu'on ne peut se refuser à voir, c'est la tendance à augmenter le délai de propriété; c'est surtout dans ces divers pays (sauf en Angleterre, où le mot *copyright* est resté en dépit des modifications apportées par les nouvelles lois), l'affirmation nette, catégorique du droit de propriété, et comme conséquence de cette affirmation la reconnaissance pour l'auteur, je ne dirai pas seulement en Europe, mais dans tout le monde, de ce même droit complet, inattaquable et inattaqué. Le mot propriété s'emploie sans cesse; nous le retrouverons dans tous les traités internationaux conclus entre la France et les pays étrangers et on a peine à concevoir qu'on se soit servi de deux expressions différentes pour indiquer ce même droit à l'intérieur et à l'extérieur.

CONVENTIONS INTERNATIONALES

CONCLUES ENTRE

LA FRANCE ET LES PAYS ÉTRANGERS

En matière de Propriété Littéraire.

Il n'y a pas longtemps qu'on a songé à protéger d'une manière réciproque les œuvres littéraires dans les pays étrangers. Le droit international lui-même a pris tout d'un coup un trop rapide développement pour que dans son enfance, on ait eu la pensée d'assurer aux écrits de nos nationaux à l'étranger des garanties qu'on leur accordait à grand'peine en France. Avant la révolution de 1789, la seule décision que nous ayons trouvée après de minutieuses recherches dans ce dédale d'arrêts et d'ordonnances est celle du 19 juin 1717, émanant du Conseil et par laquelle il est ordonné que tous les livres et livrets qui viendront du pays étranger ne pourront entrer dans le royaume que par les villes de Paris, Rouen, Bordeaux, Nantes, Marseille, Lyon, Strasbourg, Metz, Amiens et Reims. Comme on le voit, c'est plutôt une mesure de police qu'un arrêt international. On comprend que la surveillance de l'autorité exigeait ce surcroît de précautions.

La première convention internationale date du 28 août 1843; elle est faite avec les États sardes. Depuis cette époque elles se sont multipliées au point qu'il y a peu de nations avec lesquelles nous n'ayons ces garanties des droits de nos nationaux. Les seuls pays en Europe avec lesquels la France n'ait pas conclu de conventions internationales, sont le Danemark, la Grèce, la Suède et la Turquie. Mais encore en Danemark une ordonnance du roi de 1858 a-t-elle étendu aux ouvrages publiés en France le bénéfice de la protection contre la contrefaçon des œuvres littéraires. En Grèce, le Code pénal accordant le droit de réprocité pour les œuvres littéraires, les auteurs français en jouissent depuis le décret de 1852. De même en Suède et en Norvége. Il n'y a donc que la Turquie avec qui nous n'ayons pas de garanties internationales. Voici le texte de ce décret du 28 mars 1852. Nous le mettons en tête des conventions internationales, puisqu'il en tient lieu pour les pays qui se sont contentés d'admettre la réciprocité.

Article premier. — La contrefaçon sur le territoire français d'ouvrages publiés à l'étranger et mentionnés en l'art. 425 du Code pénal constitue un délit.

Art. 2. — Il en est de même du délit de l'exportation et de l'expédition des ouvrages contrefaits. L'exportation et l'expédition de ces ouvrages sont un délit de la même espèce que l'introduction sur le territoire français d'ouvrages qui, après avoir été imprimés en France, ont été contrefaits chez l'étranger.

Art. 3. — Les délits prévus par les articles précédents seront réprimés conformément aux art. 427 et 429 du Code pénal.

Art. 4. — Néanmoins la poursuite ne sera admise que sous l'accomplissement des conditions exigées relativement aux ouvrages publiés en France, notamment par l'art. 6 de la loi du 19 juillet 1793.

Il y a aujourd'hui quarante-trois conventions internationales en vigueur; beaucoup sont récentes et datent de 1865, 1866 et 1867. Nous avons eu communication de toutes ces conventions au ministère des affaires étrangères; mais nous nous contenterons de donner celles d'Angleterre, d'Espagne, de Russie, de Belgique, d'Italie, de Prusse, de Portugal, d'Autriche et des États pontificaux (cette dernière est du 14 juillet 1867).

ANGLETERRE

—

DÉCRET *relatif à la promulgation de la convention conclue entre la France et le Royaume-Uni de la Grande-Bretagne et d'Irlande, pour la garantie réciproque de la propriété des œuvres de littérature et d'art.*

Du 22 janvier 1852.

LOUIS-NAPOLÉON, PRÉSIDENT DE LA RÉPUBLIQUE FRANÇAISE, Sur le rapport du ministre des affaires étrangères,

DÉCRÈTE :

La convention conclue, le 3 novembre 1851, entre la France et le Royaume-Uni de la Grande-Bretagne et d'Irlande, pour la garantie réciproque de la propriété des œuvres de littérature et d'art, ayant été ratifiée par nous le 23 décembre dernier, et les actes de ratification des deux gouvernements ayant été échangés le 8 du présent mois de janvier; ladite convention, suivie du procès-verbal d'échange contenant quelques explications et modifications, desquels convention et procès-verbal la teneur suit, recevra sa pleine et entière exécution.

Convention du 3 novembre 1851.

Le Président de la République française et Sa Majesté la reine du Royaume-Uni de la Grande-Bretagne et d'irlande, également animés du désir d'étendre dans les deux pays la jouissance des droits d'auteur pour les ouvrages de littérature et de beaux-arts qui pourront être publiés pour la première fois dans l'un des deux, et Sa Majesté Britannique ayant consenti à étendre aux livres, gravures et œuvres musicales publiées en France la réduction que la loi l'autorise à accorder, sous certaines conditions, dans le taux des droits actuellement perçus à l'importation, dans le Royaume-Uni, de ces mêmes articles publiés en pays étranger;

Le Président de la République française et Sa Majesté Britannique ont jugé à propos de conclure, dans ce but, une convention spéciale, etc.

ARTICLE PREMIER.

A partir de l'époque à laquelle, conformément aux stipulations de l'article 14 ci-après, la présente convention deviendra exécutoire, les auteurs d'œuvres de littérature ou d'art auxquels les lois de l'un des deux pays garantissent actuellement et garantiront à l'avenir le droit de propriété ou d'auteur, auront la faculté d'exercer ledit droit sur les territoires de l'autre pays, pendant le même espace de temps et dans mêmes limites que s'exercerait, dans cet autre pays lui-même, le droit attribué aux auteurs d'ouvrages de même nature qui y seraient publiés, de telle sorte que la reproduction ou la contrefaçon, dans l'un des deux États, de toute œuvre de littérature ou d'art publiée dans l'autre sera traitée de la même manière que le serait la réproduction ou la contrefaçon d'ouvrages de même nature originairement publiés dans cet autre État, et que les auteurs de l'un des deux pays auront, devant les tribunaux de l'autre, la même action et jouiront des mêmes garanties contre la contrefaçon ou la reproduction non autorisée, que celles que la loi accorde ou pourrait accorder à l'avenir aux auteurs de ce dernier pays.

Il est entendu que ces mots « œuvres de littérature ou d'art, » employés au commencement de cet article, comprennent les publications de livres, d'ouvrages dramatiques, de composition musicale, de dessin, de peinture, de sculpture, de gravure, de lithographie et de toute autre autre production quelconque de littérature et de beaux-arts.

Les mandataires ou ayants cause des auteurs, traducteurs, compositeurs, peintres, sculpteurs ou graveurs, jouiront à tous égards des mêmes droits que ceux que la présente convention accorde aux auteurs, traducteurs, compositeurs, peintres, sculpteurs ou graveurs eux-mêmes.

ART. 2.

La protection accordée aux ouvrages originaux est étendue aux traductions. Il est bien entendu, toutefois, que l'objet du présent article est simplement de protéger le traducteur par rapport à sa propre traduction, et non pas de conférer le droit exclusif de traduction au premier traducteur d'un ouvrage quelconque, hormis dans le cas et les limites prévus par l'article suivant.

ART. 3.

L'auteur de tout ouvrage publié dans l'un des deux pays, qui aura entendu réserver son droit de traduction, jouira pendant cinq années, à partir du jour de la première publication de la traduction de son ouvrage autorisée par lui, du privilége de protection contre la publication, dans l'autre pays de toute traduction du même ouvrage non autorisée par lui,et ce, sous les conditions suivantes :

1° L'ouvrage original sera enregistré et déposé dans l'un des deux pays, dans un délai de trois mois à partir du jour de la première publication dans l'autre pays;

2° Il faudra que l'auteur ait indiqué en tête de son ouvrage l'intention de se réserver le droit de traduction;

3° Ladite traduction autorisée devra avoir paru, au moins en partie, dans le délai d'un an, à compter de la date de l'enregistrement et du dépôt de l'original, et en totalité dans le délai de trois ans, à partir dudit dépôt;

4° La traduction devra être publiée dans l'un des deux pays, et être enregistrée et déposée conformément aux dispositions de l'article 8.

Pour les ouvrages publiés par livraisons, il suffira que la déclaration de l'auteur, qu'il entend se réserver le droit de traduction, soit exprimée dans la première livraison. Toutefois, en ce qui concerne le terme de cinq ans assigné par cet article pour l'exercice du droit privilégié de traduction, chaque livraison sera considérée comme un ouvrage séparé; chacune d'elles sera enregistrée et déposée dans l'un des deux pays, dans les trois mois à partir de sa première publication dans l'autre.

ART. 4.

Les stipulations des articles précédents s'appliqueront également à la représentation des ouvrages dramatiques et à l'exécution des compositions musicales, en tant que les lois de chacun des deux pays sont ou seront applicables, sous ce rapport, aux ouvrages dramatiques et de musique représentés ou exécutés publiquement dans ces pays pour la première fois.

Toutefois, pour avoir droit à la protection légale, en ce qui concerne la traduction d'un ouvrage dramatique, l'auteur devra faire paraître sa traduction trois mois après l'enregistrement et le dépôt de l'ouvrage original.

Il est bien entendu que la protection stipulée par le présent article n'a point pour objet de prohiber les imitations faites de bonne foi, ou les appropriations des ouvrages dramatiques aux scènes respectives de France et d'Angleterre, mais seulement d'empêcher les traductions en contrefaçon.

La question d'imitation ou de contrefaçon sera déterminée dans tous les cas par les tribunaux des pays respectifs, d'après la législation en vigueur dans chacun des deux États.

ART. 5.

Nonobstant les stipulations des articles 1 et 2 de la présente convention, les articles extraits de journaux ou de recueils périodiques publiés dans l'un des deux pays pourront être reproduits ou traduits dans les journaux ou recueils périodiques de l'autre pays, pourvu qu'on y indique la source à laquelle on les aura puisés.

Toutefois, cette permission ne saurait être comprise comme s'étendant à la reproduction, dans l'un des deux pays, des articles de journaux ou de recueils périodiques publiés dans l'autre, dont les auteurs auraient déclaré d'une manière évidente, dans le journal ou le recueil même où ils les auront fait paraître, qu'ils en interdisent la reproduction.

ART. 6.

Sont interdites l'importation et la vente, dans l'un ou l'autre des deux pays, de toute contrefaçon d'ouvrages jouissant du privilége de protection contre la contrefaçon, en vertu des articles 1, 2, 3 et 5 de la présente convention, que ces contrefaçons soient originaires du pays où l'ouvrage a été publié, ou bien de toute autre contrée étrangère.

ART. 7.

En cas de contravention aux dispositions des articles précédents, les ouvrages, ou objets contrefaits seront saisis et détruits, et les individus qui se seront rendus coupables de ces contraventions seront passibles, dans chaque pays, de la peine et des poursuites qui sont ou seraient prescrites par les lois de ce pays contre le même délit commis à l'égard de tout ouvrage ou production d'origine nationale.

ART. 8.

Les auteurs, traducteurs, de même que leurs représentants ou ayants cause, légalement désignés, n'auront droit, dans l'un et l'autre pays, à la protection stipulée par les articles précédents, et le droit d'auteur ne pourra être réclamé dans l'un des deux pays, qu'après que l'ouvrage aura été enregistré de la manière suivante, savoir :

1° Si l'ouvrage a paru pour la première fois en France, il faudra qu'il ait été enregistré à l'hôtel de la corporation des libraires (*stationers hall*) à Londres ;

2° Si l'ouvrage a paru pour la première fois dans les États de Sa Majesté Britannique, il faudra qu'il ait été enregistré au bureau de la librairie du ministère de l'intérieur à Paris.

La susdite protection ne sera acquise qu'à celui qui aura fidèlement observé les lois et règlements en vigueur dans les pays respectifs par rapport à l'ouvrage pour lequel cette protection serait réclamée. Pour les livres, cartes, estampes ou publications musicales, la susdite protection ne sera acquise qu'autant que l'on aura remis gratuitement dans l'un ou l'autre des dépôts mentionnés ci-dessus, suivant les cas respectifs, un exemplaire de la meilleure édition, ou dans le meilleur état, destiné à être déposé au lieu indiqué à cet effet dans chacun des deux pays, c'est-à-dire en France, à la bibliothèque nationale de Paris, et dans la Grande-Bretagne au Musée britannique à Londres.

Dans tous les cas, les formalités du dépôt et de l'enregistrement devront être remplies sous les trois mois qui suivront la première publication de l'ouvrage dans l'autre pays. A l'égard des ouvrages publiés par livraisons, ce délai de trois mois ne commencera à courir qu'à dater de la publication de la dernière livraison, à moins que l'auteur n'ait indiqué, conformément aux dispositions de l'article 3, son intention de se réserver le droit de traduction, auquel cas chaque livraison sera considérée comme un ouvrage séparé.

Une copie authentique de l'inscription sur le registre de la corporation des libraires à Londres, conférera dans les États Britanniques le droit exclusif de reproduction jusqu'à ce que quelque autre personne ait fait admettre devant un tribunal un droit mieux établi.

Le certificat délivré conformément aux lois françaises, et constatant l'enregistrement d'un ouvrage dans ce pays, aura la même force et valeur dans toute l'étendue du territoire de la République française.

Au moment de l'enregistrement d'un ouvrage dans l'un des deux pays, il en sera délivré, si on le demande, un certificat ou copie certifiée; et ce certificat relatera la date précise à laquelle l'enregistrement aura eu lieu.

Le coût d'enregistrement d'un seul ouvrage, conformément aux stipulations du présent article, ne pourra pas dépasser la somme de un franc vingt-cinq centimes en France, et d'un shilling en Angleterre; et les frais additionnels pour le certificat d'enregistrement ne devront pas excéder la somme de six francs vingt-cinq centimes en France, ou de cinq shillings en Angleterre.

Les présentes stipulations ne s'étendront pas aux articles de journaux ou de recueils périodiques, pour lesquels le simple avertissement de l'auteur, ainsi qu'il est prescrit à l'article 5, suffira pour garantir son droit contre la reproduction ou la traduction. Mais si un article ou un ouvrage qui aura paru pour la première fois dans un journal ou dans un recueil périodique est ensuite reproduit à part, il restera alors soumis aux stipulations du présent article.

ART. 9.

Quant à ce qui concerne tout objet autre que les livres, estampes, cartes et publications musicales, pour lesquels on pourrait réclamer la proctection en vertu de l'article premier de la présente convention, il est entendu que tout mode d'enregistrement autre que le mode prescrit par l'article précédent, qui est ou qui pourrait être appliqué par la loi dans un des deux pays, à l'effet de garantir le droit de propriété à toute œuvre quelconque ou article mis pour la première fois au jour dans ce pays, ledit mode d'enregistrement sera étendu, sous des conditions égales, à toute œuvre ou objet similaire mis au jour pour la première fois dans l'autre pays.

ART. 10.

Pendant toute la durée de la présente convention, les droits actuellement établis à l'importation licite dans le Royaume-Uni de la Grande-Bretagne et d'Irlande, des livres, gravures, dessins ou ouvrages de musique publiés dans toute l'étendue du territoire de la République française, demeurent réduits et fixés aux taux ci-après établis, savoir:

1° Droits sur les livres et œuvres de musique:

A. Ouvrages publiés pour la première fois dans le Royaume-Uni et reproduits en France, par quintal anglais.	2l	10sh	0	
B. Ouvrages non publiés pour la première fois dans le Royaume-Uni, par quintal anglais	0	15	0	
2° Gravures ou dessins:				
A. Coloriés ou non, chaque pièce	0	0	0	1/2d
B. Reliés ou brochés, la douzaine.	0	0	1	1/2

Il est convenu que le taux des droits ci-dessus spécifiés ne sera pas augmenté pendant la durée de la présente convention, et que si, par la suite, pendant la durée de cette convention, ce taux était réduit en faveur des livres, gravures, dessins ou ouvrages de musique publiés dans tout autre pays, cette réduction s'étendra en même temps aux objets similaires publiés en France.

Il est en outre bien entendu que tout ouvrage publié en France, et dont une partie aura été mise au jour pour la première fois dans le Royaume-Uni, sera considéré comme « ouvrage publié pour la première fois dans le Royaume-Uni, et reproduit en France, » et, à ce titre, il sera soumis aux droits de cinquante shillings par quintal anglais, alors même qu'il contiendrait encore des additions originales publiées ailleurs que dans le Royaume-Uni, à moins que ces additions originales ne soient d'une étendue pour le moins égale à celle de la partie de l'ouvrage publiée originairement dans le Royaume-Uni, auquel cas l'ouvrage ne serait soumis qu'aux droits de quinze shillings par quintal anglais.

ART. 11.

Pour faciliter l'exécution de la présente convention, les deux hautes parties contractantes s'engagent à se communiquer mutuellement les lois et règlements qui pourront être ultérieurement établis dans les États respectifs, à l'égard des droits d'auteurs, pour les ouvrages et productions protégés par les stipulations de la présente convention.

ART. 12.

Les stipulations de la présente convention ne pourront en aucune manière porter atteinte au droit que chacune des deux hautes parties contractantes se réserve expressément de surveiller et de défendre, au moyen de mesures législatives ou de police intérieure, la vente, la circulation, la représentation et l'exposition de tout ouvrage ou de toute production à l'égard desquels l'un ou l'autre pays jugerait convenable d'exercer ce droit.

ART. 13.

Rien dans cette convention ne sera considéré comme portant atteinte au droit de l'une ou de l'autre des deux hautes parties contractantes de prohiber l'importation dans ses propres États des livres qui, d'après ses lois intérieures ou des stipulations souscrites avec d'autres puissances, sont ou seraient déclarés être des contrefaçons ou des violations du droit d'auteur.

ART. 14.

Sa Majesté Britannique s'engage à recommander au Parlement d'adopter une loi qui l'autorise à mettre en vigueur celles des dispositions de la présente convention qui ont besoin d'être sanctionnées par un acte législatif. Lorsque cette loi aura été adoptée, la convention sera mise à exécution à partir d'un jour qui sera alors fixé par les deux hautes parties contractantes.

Dans chaque pays le gouvernement fera dûment connaître d'avance le jour ainsi convenu, et les stipulations de la convention ne seront applicables qu'aux œuvres et articles publiés après cette date. La pré-présente convention restera en vigueur pendant dix années, à partir du jour où elle pourra être mise en vigueur; et, dans le cas où aucune des deux parties n'aurait signifié, douze mois avant l'expiration de ladite période de dix années, son intention d'en faire cesser les effets, la convention continuerait à rester en vigueur encore une année, et ainsi de suite, d'année en année, jusqu'à l'expiration d'une année, à partir du jour où l'une ou l'autre des parties l'aura dénoncée.

Les hautes parties contractantes se réservent cependant la faculté d'apporter à la présente convention, d'un commun accord, toute modification qui ne serait pas incompatible avec l'esprit et les principes qui en sont la base, et dont l'expérience aurait démontré l'opportunité.

ART. 15

La présente convention sera ratifiée, et les ratifications en seront échangées à Paris, dans le délai de trois mois, à partir du jour de la signature, ou plus tôt, si faire se peut.

Procès-verbal d'échange.

Les soussignés s'étant réunis pour procéder, au nom du Président de la République française et de Sa Majesté la Reine du Royaume-Uni de la Grande-Bretagne et d'Irlande, à l'échange des ratifications réciproques de la Convention signée à Paris, le 3 novembre dernier, entre la France et la Grande-Bretagne, dans le but de garantir mutuellement, dans les deux pays, la propriété des œuvres de littérature et d'art, les instruments respectifs des ratifications ont été produits, et, après avoir été soigneusement collationnés et trouvés conformes l'un à l'autre, l'échange en a été opéré dans les formes usitées.

Toutefois, 1° nonobstant les termes de l'article 14, stipulant que la Convention ne sera exécutoire en aucune de ses dispositions qu'à partir du jour où celles qui ont besoin d'être validées dans la Grande-Bretagne par un acte législatif, auront reçu cette sanction, il a été convenu, d'un commun accord, que celles des dispositions qui ne sont point de nature à y être soumises et que l'état actuel de la législation autorise dès à présent la Couronne Britannique à valider, auront, le plus tôt possible, leur plein et entier effet, de part et d'autre;

2° Il a été également convenu que les dispositions contenues dans l'article 5, lesquelles interdisent la reproduction dans l'un des deux pays des articles de journaux ou de recueils périodiques publiés dans l'autre, et dont les auteurs auraient déclaré, dans le journal ou le recueil même où ils les auront fait paraître, qu'ils en interdisent la reproduction, ne seront pas applicables aux articles de discussion politique.

Les précédentes interprétations et explications auront la même force et valeur que si elles étaient insérées dans le texte même de la Convention.

En foi de quoi, etc. (*Bull.* 481, *n*° 3542.)

Décret impérial *portant que les dispositions de la Convention littéraire conclue avec la Prusse, le 2 août 1862, sont applicables à l'Angleterre, à la Belgique, à l'Italie, à la Suisse, à la Suède et à la Norwége, en ce qui concerne les dégrèvements de droits d'importation en France stipulés en faveur de certains produits prussiens.*

Du 14 juin 1865.

NAPOLÉON, etc.

Vu le traité de commerce conclu avec l'Angleterre, le 23 janvier 1860, ainsi que les conventions annexes des 12 octobre et 16 novembre de la même année;

Vu le traité de commerce conclu avec la Belgique, le 1er mai 1861;

Vu le traité de commerce conclu avec l'Italie, le 17 janvier 1863;

Vu le traité de commerce conclu avec la Suisse, le 30 juin 1864;

Vu le traité de commerce conclu avec les royaumes-unis de Suède et de Norwége, le 14 février 1865;

Vu la convention littéraire conclue avec la Prusse, le 2 août 1862,

Avons décrété et décrétons ce qui suit:

Les dispositions de la convention littéraire conclue avec la Prusse, et susvisée, sont applicables à l'Angleterre, à la Belgique, à l'Italie, à la Suisse, aux royaumes-unis de Suède et de Norwége, en ce qui concerne les dégrèvements de droits d'importation en France stipulés en faveur des produits prussiens dénommés dans l'article 13 de ladite convention. (*Bull.* 1297, *n°* 13318.)

ESPAGNE.

Décret impérial *portant promulgation de la Convention conclue entre la France et l'Espagne, pour la garantie réciproque de la propriété des œuvres d'esprit et d'art.*

Du 4 février 1854.

NAPOLÉON, etc.

Avons décrété et décrétons ce qui suit:

La Convention conclue le 15 novembre 1853 entre la France et l'Espagne, pour la garantie réciproque de la propriété des œuvres d'esprit et d'art, ayant été ratifiée par les deux Gouvernements contractants, et les ratifications respectives ayant été échangées le 25 janvier 1854, ladite Convention, dont la teneur suit, recevra sa pleine et entière exécution.

Convention du 15 novembre 1853.

Sa Majesté l'Empereur des Français et Sa Majesté la Reine d'Espagne, également animés du désir de protéger les arts, les sciences et les belles-lettres, et d'encourager les entreprises utiles qui s'y rapportent, ont à cette fin résolu d'adopter d'un commun accord les mesures qui leur ont paru le plus propres à garantir en France et en Espagne le droit de propriété sur les œuvres littéraires, scientifiques ou artistiques, qui seraient publiées, pour la première fois, par leurs auteurs dans les deux États respectifs, etc.

Art. 1.

Les auteurs exerceront simultanément, dans toute l'étendue des deux pays, leur droit de propriété sur les œuvres littéraires, scientifiques et artistiques, conformément aux lois, ordonnances et règlements qui le leur garantissent ou garantiront par la suite, dans chaque État contre les contrefaçons.

Le droit de propriété littéraire des Espagnols en France et des Français en Espagne durera pour les auteurs toute leur vie, et se transmettra, pour vingt ans, à leurs héritiers directs ou testamentaires, et pour dix ans à leurs héritiers collatéraux.

Les représentants légaux, les ayants cause ou mandataires légitimes des auteurs d'œuvres littéraires, scientifique et artistiques, seront à tous égards traités sur le même pied que les auteurs eux-mêmes.

Seront considérés comme œuvres littéraires, scientifiques et artistiques, les livres, les compositions dramatiques et musicales, les tableaux, les dessins, les gravures, les lithographies, les sculptures, les cartes géographiques et toutes autres productions analogues.

Les hautes parties contractantes feront concorder leurs législations respectives, et devront en attendant faciliter, au moyen d'un règlement spécial, l'exercice du droit de propriété artistique dans les deux pays.

Les objets d'art destinés à l'agriculture et à l'industrie manufacturière ne se trouvent pas compris dans ce traité.

ART. 2.

La protection accordée aux œuvres originales s'étend aux traductions.

Toutefois, l'objet du présent article est simplement de protéger le traducteur, sous les conditions ci-après exprimées, par rapport à sa propre traduction, et non pas de conférer le droit exclusif de traduction au premier traducteur d'un ouvrage quelconque, hormis dans le cas et les limites prévus par les dispositions suivantes.

ART. 3.

L'auteur de tout ouvrage publié dans l'un des deux pays qui aura entendu réserver son droit de traduction jouira pendant cinq années, à partir du jour de la première publication de la traduction de son ouvrage autorisée par lui, du privilége de protection contre la publication dans l'autre pays, de toute traduction du même ouvrage non autorisée par lui, pourvu que la sienne soit publiée dans le délai de six mois, à partir de la publication de l'œuvre originale, et que l'auteur ait rempli toutes formalités prescrites à cet effet dans le présent traité.

ART. 4.

La traduction des œuvres dramatiques confère ces mêmes droits à l'auteur de l'original, si toutefois la traduction faite pour son compte ou avec son consentement est publiée dans les trois premiers mois, et qu'il ait rempli les autres formalités.

Le droit de subvention des auteurs dramatiques sur les représentations, dans les pays où la traduction de leur ouvrage sera mise en scène, est fixé au quart des droits que les lois du pays accordent au traducteur. Ce quart se trouve compris dans le montant total des droits que les entreprises théâtrales auront à payer aux traducteurs.

Les droits des compositeurs de musique sont assimilés à ceux des auteurs originaux, pourvu que le poëme soit écrit dans la langue originale.

ART. 5.

La protection et les droits stipulés dans les deux articles précédents n'ont pas pour objet d'interdire les imitations et les appropriations faites de bonne foi des œuvres littéraires, scientifiques, dramatiques, de musique et d'art, en France et en Espagne, mais seulement d'en prévenir les contrefaçons, les réimpressions, les représentations et copies faites au préjudice des intérêts et des droits spécialement réservés aux auteurs et aux inventeurs.

Les tribunaux compétents de l'un et de l'autre Etat, et conformément à la législation en vigueur dans chacun d'eux, seront compétents pour résoudre, dans tous les cas, les questions auxquelles donneraient les contrefaçons, falsifications, imitations ou copies desdites œuvres.

Art. 6.

Les stipulations de l'article premier s'appliqueront également aux ouvrages publiés pour la première fois dans un journal, ainsi qu'aux sermons, mémoires, leçons et autres discours prononcés en public et ne formant pas collection, à partir du moment où les lois des deux Etats garantiront à ces productions la protection spécifiée par l'article précité.

Dans aucun cas, un ouvrage oublié pour la première fois dans un journal ne pourra être reproduit dans un autre, sans qu'il y soit fait mention du journal original et du nom de l'auteur de l'ouvrage s'il s'y trouve indiqué.

Art. 7.

Pour que les auteurs et leurs ayants droit puissent jouir de la protection qui leur est accordée par l'article premier, il est nécessaire qu'ils se conforment, au préalable, aux dispositions suivantes : ils feront la déclaration de leur ouvrage et en déposeront gratuitement deux exemplaires aux lieux ci-après désignés, savoir :

1° Si l'ouvrage a paru pour la première fois en France, à l'établissement public désigné à cet effet à Madrid;

2° Si l'ouvrage a paru pour la première fois en Espagne, au bureau de la librairie du ministère de l'intérieur à Paris.

Ce dépôt et l'enregistrement qui en sera fait sur les registres spéciaux ouverts, à cet effet, dans les deux établissements ne donneront lieu à aucuns frais autres que le prix du papier timbré du certificat.

Ce certificat fera foi, tant en jugement que hors, dans toute l'étendue des territoires respectifs, et constatera le droit exclusif de propriété, de publication ou de reproduction, aussi longtemps que quelque autre personne n'aura pas fait admettre en justice un droit mieux établi.

Ces formalités du dépôt et de l'enregistrement devront être remplies dans les trois mois qui suivront la première publication de l'ouvrage dans le pays où il aura été publié.

Ces formalités ne sont naturellement pas applicables aux ouvrages de peinture et de sculpture, qui seront l'objet d'un règlement spécial, ainsi qu'il a été dit dans le paragraphe 5 de l'article premier.

A l'égard des ouvrages publiés séparément par volumes ou par livraisons, chaque volume ou chaque livraison sera considéré comme un ouvrage séparé.

ART. 8.

Pour que le droit des auteurs sur les traductions de leurs ouvrages puisse être exercé conformément à ce qui est établi dans les articles 2 et 3 du présent traité, il est nécessaire de remplir préalablement les formalités suivantes : l'auteur d'un ouvrage original, lorsqu'il le fera paraître, devra déclarer, en tête dudit ouvrage, qu'il se réserve le droit de traduction, et, en conséquence de cette déclaration, sera tenu de la publier, si l'ouvrage ne se compose que d'un seul volume, dans les premiers six mois qui en suivront la publication.

Si l'auteur publie à la fois deux ou plusieurs volumes d'un même ouvrage, le délai sera augmenté d'autant de fois six mois que l'ouvrage publié comprendra de volumes, de telle sorte que le deuxième volume devra paraître dans les douze mois au moins qui suivront l'accomplissement desdites formalités de dépôt, et ainsi de suite. A l'égard des ouvrages qui paraissent par volumes séparés ou par livraisons, il suffira que cette déclaration soit faite en tête du premier volume ou de la première livraison.

Cependant, la traduction d'un ouvrage publié par livraisons devra paraître, au plus tard, dans les trois premiers mois qui suivront le dépôt de chacune d'elles.

ART. 9.

La réserve du droit de traduction d'une œuvre dramatique, avec obligation de la faire paraître dans un temps déterminé, est fixée a une durée de trois mois à compter du jour du dépôt et de l'enregistrement, par assimilation sous ce rapport des œuvres aux livraisons des ouvrages dramatiques de toute autre nature.

ART. 10.

Le propriétaire d'un ouvrage dont la publication se fera par volumes ou par livraisons, qui ne remplira pas les formalités de dépôt et d'enregistrement prescrites par les articles précédents, celui également qui, dans les six mois au plus tard qui suivront le dépôt et l'enregistrement, s'il s'agit d'un volume, et dans les trois mois, s'il s'agit d'une livraison ou d'un ouvrage dramatique, n'aura pas publié sa traduction, perdront leur droit de traduction sur le volume ou la livraison qui n'aura pas été soumis à l'une quelconque des formalités prescrites par les articles précédents.

Ils perdront également ce droit de traduction sur tous les volumes ou livraisons du même ouvrage qui auront été déjà publiés, ainsi que sur tous les volumes ou livraisons à publier. Par suite, le droit de traduction de l'ouvrage entier tombera dans le domaine public.

ART. 11.

L'introduction, même en transit, la vente et l'exposition des ouvrages ou objets reproduits en contrefaçon, contrairement aux droits consignés dans ce traité, demeurent interdites dans chacun des deux pays. soit que ces reproductions viennent de l'un des deux pays, soit qu'elles viennent de quelque autre pays étranger.

Toute tentative pour introduire en fraude de semblables ouvrages ou objets sera traitée et réprimée comme toute autre opération ordinaire quelconque de commerce interlope.

ART. 12.

Au moment de la mise à exécution de la présente convention, les deux hautes parties contractanctes se communiqueront respectivement la liste exacte des bureaux de douanes maritimes et terrestres auxquels sera limitée, de part et d'autre, la faculté de recevoir et de reconnaître les envois d'ouvrages littéraires, scientifiques et d'art, ainsi que les lois et règlements spéciaux actuellement en vigueur, et ceux que chacune d'elles pourra adopter par la suite, relativement à la propriété des ouvrages ou productions spécifiés dans les articles précédents.

La reconnaissance et la vérification de nationalité desdits ouvrages se feront dans les bureaux désignés à cet effet, avec le concours des agents particuliers chargés, dans les deux pays, de l'examen des livres arrivant de l'étranger ou destinés à l'exportation.

En cas d'infraction aux dispositions du présent traité, il en sera dressé procès-verbal, lequel, dûment légalisé, sera adressé, dans le plus bref délai possible, aux agents diplomatiques ou consulaires respectifs et aux parties intéressées, par l'entremise des autorités compétentes de l'Etat sur le territoire duquel la contravention aura été commise.

ART. 13.

Pour faciliter l'exacte exécution des dispositions renfermées dans les deux articles précédents. il est en outre expressément convenu que tous les ouvrages expédiés, même en transit, à destination de l'un des deux Etats ou de tout autre Etat quelconque d'ailleurs que de l'autre Etat, devront, lorsqu'ils seront rédigés dans la langue de l'un de ces deux Etats, être accompagnés de certificats délivrés par les autorités supérieures compétentes du pays de leur provenance. Ce certificat devra, d'une part, expressément énoncer le titre, la liste complète et le nombre d'exemplaires des ouvrages auxquels il s'applique, et constater que ces mêmes ouvrages sont tous publications originales et propriété légale des pays de provenance, ou qu'ils y ont été naturalisés par le payement des droits d'entrée.

Toute œuvre littéraire, scientifique ou artistique qui, dans les cas prévus par le présent article, ne sera pas accompagnée de certificats en due forme, sera, par cela seul et conformément aux prescriptions de l'article précédent, réputée contrefaite, et l'importation ou l'exportation en sera rigoureusement interdite aux frontières ou ports respectifs.

ART. 14.

Les clauses du présent traité ne pourront cependant faire obstacle à la libre continuation de la vente, publication ou introduction dans les Etats respectifs des ouvrages qui auraient déjà été publiés en tout ou en partie, dans l'un des deux ou dans tout autre pays, avant la promulgation de ladite Convention.

Bien entendu qu'on ne pourra publier aucun de ces mêmes ouvrages, ni exporter ou introduire de l'étranger des exemplaires de ceux-ci autres que ceux destinés à compléter les expéditions ou souscriptions précédemment commencées.

Les auteurs ou les éditeurs légitimes de l'un des deux Etats dont les ouvrages publiés, en tout ou en partie, n'auraient pas été reproduits ou traduits en entier, ou pour la portion déjà publiée dans l'autre nation contractante lors de la promulgation de la présente convention, pourront être admis au bénéfice de ses dispositions, en annonçant que telle est leur intention, en tête de la première livraison ou du volume qui suivra si l'ouvrage se trouve en voie de publication, ou en ajoutant, s'il a déjà été publié, une note imprimée sur chacun des exemplaires en vente.

Dans l'un comme dans l'autre cas ils sont tenus de se soumettre aux formalités prescrites.

ART. 15.

L'infraction aux dispositions des articles précédents donnera lieu à la saisie des contrefaçons, et les tribunaux appliqueront les peines déterminées par les législations respectives de la même manière que si le délit avait été commis au préjudice d'un ouvrage ou d'une production d'origine nationale.

ART. 16.

Les dispositions de la présente convention ne pourront, en quoi que ce soit, porter préjudice au droit que chacune des deux hautes parties contractantes se réserve expressément de permettre, de surveiller ou d'interdire par des mesures législatives ou administratives, la circulation, la représentation ou l'exposition de tout ouvrage ou production à l'égard duquel l'un ou l'autre État jugera convenable d'exercer ce droit.

Aucune des clauses de cette convention ne pourra être considérée comme portant atteinte au droit, qui appartient à chacune des deux hautes parties contractantes, de prohiber la circulation et l'introduction dans ses propres États des livres qui, conformément à ses lois intérieures ou à des stipulations en vigueur avec d'autres puissances sont ou seraient par la suite déclarés être des contrefaçons du droit d'auteur.

Art. 17.

La présente convention restera en vigueur pendant quatre années consécutives, à partir du jour où les deux hautes parties contractantes seront convenues de la mettre à exécution.

Si, à l'échéance des quatre années sus-indiquées, elle n'a pas été dénoncée six mois à l'avance, elle continuera de rester obligatoire d'année en année, jusqu'à ce que l'une des deux parties contractantes ait notifié à l'autre, un an à l'avance, son intention d'en faire cesser les effets.

Les hautes parties contractantes se réservent cependant la faculté d'apporter, d'un commun accord, à la présente convention toute amélioration ou modification dont l'expérience aurait démontré l'opportunité.

Art. 18.

La présente convention sera ratifiée, et les ratifications en seront échangées à Madrid, dans le délai de trois mois, ou plus tôt, si faire se peut.

En foi de quoi, etc. (*Bull.* 132, *n°* 1100.)

Ordre royal *rendu par S. M. la Reine d'Espagne, en exécution de l'article 12 de la Convention.*

Du 28 décembre 1854

La convention sur la propriété littéraire conclue entre le gouvernement de Sa Majesté catholique et celui de l'Empereur des Français, devant être mise en vigueur le 1er janvier 1855;

La Reine a prescrit à la direction générale des douanes d'adresser aux bureaux de la Corogne, Santander, Barcelone, Malaga et Cadix, seuls autorisés à recevoir les ouvrages français de littérature, de science et d'art, à partir du 1er janvier prochain, les instructions convenables pour l'exécution dans toutes ses parties de la convention précitée et dont un exemplaire leur sera transmis. — Ils seront informés que la dénomination d'ouvrages de provenance française comprend les livres, compositions dramatiques et musicales, tableaux, dessins, lithographies, sculptures, cartes ou plans, et en général, toutes productions autres qu'objets d'art, destinés à l'agriculture et aux fabriques.

—

Transit et certificats d'origine.

En exécution du décret impérial du 17 février 1855, la librairie espagnole est admise en France, soit pour l'acquittement, soit pour le transit, par les bureaux de douane ci-après désignés : Lille, Valenciennes, Strasbourg, les Rousses, Pont de Beauvoisin, Marseille, Bayonne, Béhobie, Bordeaux, Nantes, Le Havre et Bastia.

En exécution de l'article 13 de la convention, les certificats d'origine devront être visés à Paris par le chef ou les sous chefs du bureau de l'imprimerie et de la librairie ; dans les départements par les préfets ou sous-préfets.

(*Voir au* MONITEUR *du* 7 *mars* 1855 *l'Avis au commerce de la librairie.*)

RUSSIE.

—

DÉCRET IMPÉRIAL *portant promulgation de la Convention conclue, le* 6 *avril* 1861, *entre la France et la Russie, pour la garantie réciproque de la propriété des œuvres d'esprit et d'art.*

Du 22 mai 1861.

NAPOLÉON, etc.

AVONS DÉCRÉTÉ et DÉCRÉTONS ce qui suit :

Une convention, suivie d'un article additionnel, ayant été conclue le 6 avril 1861, entre la France et la Russie, pour la garantie réciproque de la propriété des œuvres d'esprit et d'art, et les ratifications de cet acte ayant été échangées à Saint-Pétersbourg le 9 mai 1861, ladite convention, dont la teneur suit, recevra sa pleine et entière exécution.

Convention du 6 avril 1861.

AU NOM DE LA TRÈS-SAINTE ET INDIVISIBLE TRINITÉ.

Sa Majesté l'Empereur des Français et Sa Majesté l'Empereur de toutes les Russies, animés d'un égal désir de donner suite à la stipulation de l'article 23 du traité de commerce et de navigation signé à Saint-Pétersbourg le 2/14 juin 1857, par laquelle les deux hautes parties contractantes se sont réservé de déterminer dans une convention spéciale les moyens de garantir réciproquement la propriété littéraire et artistique dans leurs États respectifs, etc.

ART. 1er.

A partir de l'époque à laquelle, conformément aux stipulations de l'article 10 ci-après, la présente convention deviendra exécutoire, les auteurs d'œuvres d'esprit ou d'art, auxquels les lois de l'un des deux États garantissent actuellement ou garantiront à l'avenir le droit de propriété ou d'auteur, auront, sous les conditions déterminées ci-après, la faculté d'exercer ce droit sur le territoire de l'autre État de la même manière et dans les mêmes limites que s'exercerait, dans cet autre État, le droit attribué aux auteurs d'ouvrages de même nature qui y seraient publiés.

La réimpression et la reproduction illicite ou contrefaçon des œuvres publiées primitivement dans l'un des deux États seront assimilées dans l'autre à la réimpression et à la reproduction illicite d'ouvrages dont les auteurs appartiennent à ce dernier. Toutes les lois, ordonnances, règlements et stipulations aujourd'hui existants ou qui pourraient par la suite être promulgués au sujet du droit exclusif de publication des œuvres littéraires et artistiques, seront, pour autant qu'il n'y est pas dérogé par la présente convention, applicables à cette contrefaçon.

Il est bien entendu, toutefois, que les droits à exercer réciproquement dans l'un ou dans l'autre État, relativement aux ouvrages ci-dessus mentionnés, ne pourront être plus étendus que ceux qu'accorde la législation de l'État auquel appartiennent les auteurs ou ceux qui les remplacent à titre de mandataires, d'héritiers, de cessionnaires, de donataires ou autrement.

ART. 2.

Sont compris sous la dénomination d'œuvres d'esprit ou d'art les livres, écrits, œuvres dramatiques, compositions musicales, tableaux, gravures, plans, cartes géographiques, lithographies et dessins, travaux de sculpture et autres productions scientifiques, littéraires ou artistiques, que ces œuvres soient publiées par des particuliers ou par une autorité publique quelconque, par une académie, une université, un établissement d'instruction publique, une société savante ou autre.

Sont expressément assimilées aux ouvrages originaux, les traductions faites dans l'un des États d'ouvrages nationaux ou étrangers.

Il est bien entendu que l'objet de la présente disposition est simplement de protéger le traducteur par rapport à sa propre traduction, et non de conférer le droit exclusif de traduction au premier traducteur d'un ouvrage quelconque.

Les mandataires, héritiers ou ayants cause des auteurs des œuvres d'esprit ou d'art énumérées ci-dessus, jouiront, à tous égards, des mêmes droits que ceux que la présente convention accorde auxdits auteurs.

ART. 3.

Pour assurer à tout ouvrage intellectuel ou artistique la propriété stipulée dans les articles précédents, les auteurs ou traducteurs devront établir, au besoin, par un témoignage émanant d'une autorité publique, que l'ouvrage en question est une œuvre originale qui, dans le pays où elle a été publiée, jouit de la protection légale contre la contrefaçon ou reproduction illicite.

Les hautes parties contractantes conviennent au surplus que la preuve de la propriété, pour toute œuvre d'esprit ou d'art, résultera toujours de plein droit, pour les ouvrages publiés en France, d'un certificat délivré par le bureau de la librairie au ministère de l'intérieur à Paris, ou par le secrétariat de la préfecture dans les départements; et que, quant aux ouvrages publiés dans les États de Sa Majesté l'Empereur de toutes les Russies, la preuve de la propriété résultera, de plein droit, d'un certificat délivré, pour les œuvres littéraires, scientifiques ou dramatiques, par l'autorité chargée de la censure des livres, et pour les œuvres artistiques, si elles sont publiées dans l'Empire, par l'Académie impériale des beaux-arts à Saint-Pétersbourg, si elles sont publiées dans le royaume de Pologne, par l'école des beaux-arts à Varsovie.

Il est entendu que, pour être reconnus valables dans l'un ou l'autre des deux États, les certificats dont il est fait mention dans le présent article seront légalisés sans frais par les agents diplomatiques ou consulaires respectifs.

ART. 4.

Le droit de propriété littéraire ou artistique des Français dans l'Empire de Russie, et des sujets russes en France, durera, pour les auteurs, toute leur vie, et se transmettra, pour vingt ans, à leurs héritiers directs ou testamentaires, et pour dix ans à leurs héritiers collatéraux.

Les termes de vingt ans et de dix ans seront comptés depuis l'époque du décès de l'auteur.

ART. 5.

Nonobstant les stipulations des articles 1 et 2 de la présente convention, les articles extraits des journaux ou recueils périodiques publiés dans l'un des deux pays pourront être reproduits dans les journaux ou recueils périodiques de l'autre pays, pourvu que l'on indique la source à laquelle on les aura puisés.

Toutefois, cette permission ne s'étendra pas à la reproduction, dans l'un des deux pays, des articles de journaux ou de recueils périodiques publiés dans l'autre, lorsque les auteurs auront formellement déclaré dans le journal, ou le recueil même où ils les auront fait paraître, qu'ils interdisent la reproduction. Dans aucun cas, cette interdiction ne pourra atteindre les articles de discussion politique.

ART. 6.

En cas de contravention aux dispositions des articles précédents et de poursuites en dommages-intérêts, il sera procédé, dans l'un ou l'autre État, conformément à ce qui est ou serait prescrit par les législations respectives, et les tribunaux compétents appliqueront les peines déterminées par les lois en vigueur; le tout de la même manière que si l'infraction avait été commise au préjudice d'un ouvrage ou d'une production d'origine nationale.

ART. 7.

La mise en vente de toute œuvre reconnue, dans l'un ou l'autre des deux États, pour une reproduction illégale ou contrefaçon d'un ouvrage jouissant du privilége de protection, en vertu des articles 1 et 2 de la présente convention, sera interdite, sans qu'il y ait à distinguer si cette contrefaçon provient de l'un des deux États, ou de tout autre pays.

Toutefois, la présente convention ne pourra faire obstacle à la vente des réimpressions ou reproductions qui auraient été publiées dans chacun des deux États, ou qui auraient été introduites dans l'année qui suivra la signature de la présente convention.

Quant aux ouvrages de reproduction non autorisés en cours de publication dont une partie aurait déjà paru avant l'expiration d'une année à partir du jour de la signature de la présente convention, les éditeurs en France, et ceux dans l'Empire de Russie, pourront publier les volumes et livraisons nécessaires, soit pour l'achèvement desdits ouvrages, soit pour compléter les souscriptions des abonnés, ou les collections non vendues existant en magasin. Par contre, on ne pourra faire aucune nouvelle publication, dans l'un des deux États, des mêmes ouvrages, ni mettre en vente des exemplaires autres que ceux destinés à remplir les expéditions ou souscriptions précédemment commencées.

ART. 8.

Pour faciliter la pleine exécution de la présente convention, les deux hautes parties contractantes promettent de se donner mutuellement connaissance des lois et règlements actuellement existants, ainsi que de ceux qui pourront être établis par la suite dans les deux pays en ce qui touche la garantie de la propriété littéraire et artistique.

ART. 9.

Les dispositions de la présente convention ne pourront, en quoi que ce soit, porter préjudice au droit que chacune des deux hautes parties contractantes se réserve expressément de permettre, de surveiller ou d'interdire, par des mesures législatives ou administratives, la circulation ou l'exposition de tout ouvrage ou production à l'égard desquels l'un ou l'autre Etat jugera convenable d'exercer ce droit.

De même, aucune des stipulations de la présente convention ne saurait être interprétée de manière à contester le droit des hautes parties contractantes de prohiber l'importation, sur leur territoire, des livres que leur législation intérieure, ou des traités avec d'autres Etats, feraient entrer dans la catégorie des reproductions illicites.

ART. 10.

La présente convention restera en vigueur, sauf la réserve exprimée à l'article 7, pendant six ans, à dater du 14/2 juillet de cette année. Si, à l'expiration des six années, la présente convention n'est pas dénoncée un an à l'avance, elle continuera à être obligatoire, d'année en année, jusqu'à ce que l'une des hautes parties contractantes ait annoncé à l'autre, mais un an à l'avance, son intention d'en faire cesser les effets.

Les hautes parties contractantes se réservent cependant la faculté d'apporter à la présente convention, d'un commun accord, toute modification qui ne serait pas incompatible avec l'esprit et les principes qui en sont la base, et dont l'expérience aurait démontré l'opportunité.

ART. 11.

La présente convention sera ratifiée, et les ratifications en seront échangées à Saint-Pétersbourg dans le délai de deux mois, à partir du jour de la signature, ou plus tôt si faire se peut.

En foi de quoi, etc.

Article additionnel.

Il est convenu entre les deux hautes parties contractantes qu'aussi longtemps que les livres publiés en France seront admis libres de tout droit de douanes dans les Etats de Sa Majesté l'Empereur de toutes les Russies, tous les ouvrages indistinctement publiés en Russie, de même que la musique, les gravures, les lithograhies et les cartes géographiques, seront admis également libres de tout droit de douanes sur le territoire de l'Empire français.

Le présent article additionnel aura la même force et valeur que s'il était inséré mot à mot dans la convention conclue aujourd'hui pour la garantie réciproque de la propriété littéraire et artistique. Il sera ratifié et mis à exécution en même temps que ladite convention.

En foi de quoi, etc.

(*Bull.* 932, *n°* 9042.)

BELGIQUE.

DÉCRET IMPÉRIAL *portant promulgation de la convention conclue, le 1er mai* 1861, *entre la France et la Belgique, pour la garantie réciproque de la propriété littéraire, artistique et industrielle.*

Du 27 mai 1861,

NAPOLÉON, etc.

AVONS DÉCRÉTÉ et DÉCRÉTONS ce qui suit :

Une convention ayant été conclue le 1er mai 1861, entre la France et la Belgique, pour la garantie réciproque de la propriété des œuvres d'esprit et d'art, et des marques, modèles et dessins de fabrique ; et les ratifications de cet acte ayant été échangées à Paris le 27 mai 1861 ladite convention, dont la teneur suit, recevra sa pleine et entière exécution.

Convention du 1er mai 1861.

Sa Majesté l'Empereur des Français et Sa Majesté le Roi des Belges, également animés du désir de protéger les sciences, les arts et les lettres, et d'encourager leur application à l'industrie, ont à ces fins résolu d'adopter d'un commun accord les mesures qui leur ont paru les plus propres à assurer réciproquement, dans les deux pays, aux auteurs, aux industriels ou à leurs ayants cause, la propriété des œuvres de littérature ou d'art, et des marques, modèles ou dessins de fabrique, etc.

ART. 1er.

Les auteurs de livres, brochures ou autres écrits, de compositions musicales, d'œuvres de dessin, de peinture, de sculpture, de gravure, de lithographie et de toutes autres productions analogues du domaine littéraire ou artistique, jouiront, dans chacun des deux États réciproquement, des avantages qui y sont ou y seront attribués par la loi à la propriété des ouvrages de littérature ou d'art, et ils auront la même protection et le même recours légal contre toute atteinte portée à leurs droits, que si cette atteinte avait été commise à l'égard d'auteurs d'ouvrages publiés pour la première fois dans le pays même.

Toutefois, ces avantages ne leur sont réciproquement assurés que pendant l'existence de leurs droits dans le pays où la publication originale a été faite, et la durée de leur jouissance dans l'autre pays ne pourra excéder celle fixée par la loi pour les auteurs nationaux.

La propriété des œuvres musicales s'étend aux morceaux dits *arrangements*, composés sur des motifs extraits de ces mêmes œuvres. Les contestations qui s'élèveraient sur l'application de cette clause demeureront réservées à l'appréciation des tribunaux respectifs.

Tout privilège ou avantage qui serait accordé ultérieurement par l'un des deux pays à un autre pays, en matière de propriété d'œuvres de littérature ou d'art, dont la définition a été donnée dans le présent article, sera acquis de plein droit au citoyen de l'autre pays.

ART. 2.

La publication en Belgique de chrestomathies composées de fragments ou d'extraits d'auteurs français est autorisée, pourvu que ces recueils soient spécialement destinés à l'enseignement, et qu'ils contiennent des notes explicatives ou des traductions en langue flamande.

ART. 3.

La jouissance du bénéfice de l'art. 1er est subordonnée à l'accomplissement, dans le pays d'origine, des formalités qui sont prescrites par la loi pour assurer la propriété des ouvrages de littérature ou d'art.

Pour les livres, cartes, estampes ou œuvres musicales publiés pour la première fois dans l'un des deux Etats, l'exercice du droit de propriété dans l'autre Etat sera, en outre, subordonné à l'accomplissement préalable, dans ce dernier, de la formalité du dépôt et de l'enregistrement effectué de la manière suivante :

Si l'ouvrage a paru pour la première fois en Belgique, un exemplaire devra en être déposé gratuitement et enregistré, soit à Paris à la direction de l'imprimerie, de la librairie et de la presse au ministère de l'intérieur, soit à Bruxelles, à la chancellerie de la légation de France en Belgique.

Si l'ouvrage a paru pour la première fois en France, un exemplaire devra en être déposé gratuitement et enregistré, soit à Bruxelles au ministère de l'intérieur, soit à Paris à la chancellerie de la légation de Belgique en France.

Dans tous les cas le dépôt et l'enregistrement devront être accomplis dans les trois mois qui suivront la publication de l'ouvrage dans l'autre pays.

A l'égard des ouvrages qui paraissent par livraisons, le délai de trois mois ne commencera à courir qu'à dater de la publication de la dernière livraison, à moins que l'auteur n'ait indiqué, conformément aux dispositions de l'art. 6, son intention de se réserver le droit de traduction, auquel cas chaque livraison sera considérée comme un ouvrage séparé.

La double formalité du dépôt et de l'enregistrement qui en sera fait sur des registres spéciaux tenus à cet effet ne donnera, de part et d'autre, ouverture à la perception d'aucune taxe, si ce n'est au remboursement des frais résultant de l'expédition jusqu'à Bruxelles ou Paris respectivement des livres, cartes, estampes ou publications musicales qui seraient déposés ou à la chancellerie de la légation de France en Belgique, ou à la chancellerie de la légation de Belgique en France.

Les intéressés pourront se faire délivrer un certificat authentique du dépôt et de l'enregistrement ; le coût de cet acte ne pourra dépasser cinquante centimes.

Le certificat relatera la date précise à laquelle l'enregistrement et le dépôt auront eu lieu ; il fera foi dans toute l'étendue des territoires respectifs, et constatera le droit exclusif de propriété et de reproduction aussi longtemps que quelque autre personne n'aura pas fait admettre en justice un droit mieux établi.

ART. 4.

Les stipulations de l'art. 1er s'appliqueront également à la représentation ou exécution des œuvres dramatiques ou musicales publiées ou représentées pour la première fois dans l'un des deux pays après le 12 mai 1854.

Le droit des auteurs dramatiques ou compositeurs sera perçu d'après les bases qui seront arrêtées entre les parties intéressées ; à défaut d'un semblable accord, le taux exigible de ce droit ne pourra respectivement dépasser les chiffres suivant :

Pour les pièces :	En 4 ou 5 actes	En 3 actes	En 2 actes	En 1 acte
	Fr.	Fr.	Fr.	Fr.
A Paris et à Bruxelles	18 00	14 00	10 00	6 00
Dans les villes de 80,000 âmes et au-dessus	14 00	10 00	8 00	5 00
Dans les villes de moins de 80,000 âmes	9 00	8 00	6 00	4 00

ART. 5.

Sont expressément assimilées aux ouvrages originaux les traductions faites dans l'un des deux États d'ouvrages nationaux ou étrangers. Ces traductions jouiront à ce titre de la protection stipulée par l'art 1er en ce qui concerne leur reproduction non autorisée dans l'autre État. Il est bien entendu toutefois que l'objet du présent article est simplement de protéger le traducteur par rapport à la version qu'il a donnée de l'ouvrage original, et non pas de conférer le droit exclusif de traduction au premier traducteur d'un ouvrage quelconque, écrit en langue morte ou vivante, si ce n'est dans le cas et les limites prévus par l'article ci-après.

ART. 6.

L'auteur de tout ouvrage publié dans l'un des deux pays jouira seul du droit de traduction pendant cinq années, à partir du jour de la première traduction de son ouvrage autorisée par lui, sous les conditions suivantes :

1° L'ouvrage original sera enregistré et déposé en France ou en Belgique dans un délai de trois mois à partir du jour de la première publication dans l'autre pays, conformément aux dispositions de l'art. 3 ;

2° Il faudra que l'auteur ait indiqué, en tête de son ouvrage, l'intention de se réserver le droit de traduction ;

3° Ladite traduction autorisée devra paraître au moins en partie dans le délai d'un an, et en totalité dans le délai de trois ans à compter de la date du dépôt et de l'enregistrement de l'ouvrage original, effectués ainsi qu'il vient d'être prescrit ;

4° La traduction devra être publiée dans l'un des deux pays, et être elle-même déposée et enregistrée conformément aux dispositions de l'art. 3 ;

5° Pour les ouvrages publiés par livraisons, il suffira que la déclaration par laquelle l'auteur se réserve le droit de traduction soit faite dans la première livraison. Toutefois, en ce qui concerne le terme de cinq ans assigné dans cet article pour l'exercice du droit privilégié de traduction, chaque livraison sera considérée comme un ouvrage séparé. Chacune d'elles sera enregistrée et déposée dans l'un des deux pays dans les trois mois à partir de sa première publication dans l'autre ;

6° Relativement à la traduction des ouvrages dramatiques, l'auteur qui voudra se réserver le droit exclusif dont il s'agit au présent article devra faire paraître sa traduction trois mois après le dépôt et l'enregistrement de l'ouvrage original.

Dans le cas où la législation de la Belgique sur le droit de traduction viendrait à être modifiée pendant la durée de la présente convention, les avantages nouveaux qui seraient consacrés en faveur des auteurs belges seraient de plein droit étendus aux auteurs français.

En même temps les auteurs belges jouiraient en France des avantages plus grands qui pourraient résulter de la législation générale en faveur des nationaux.

Ces droits respectifs seront, d'ailleurs, soumis aux conditions prévues par le § 2 de l'art. 1er.

ART. 7.

Les mandataires légaux ou ayants cause des auteurs, traducteurs, compositeurs, dessinateurs, peintres, sculpteurs, graveurs, lithographes, photographes, etc. jouiront des mêmes droits que ceux que la présente convention accorde aux auteurs, traducteurs, compositeurs, dessinateurs, peintres, sculpteurs, graveurs, lithographes ou photographes eux-mêmes.

ART. 8.

Nonobstant les stipulations des art. 1 et 5 de la présente convention, les articles extraits des journaux ou recueils périodiques publiés dans l'un des deux pays pourront être reproduits ou traduits dans les journaux ou recueils périodiques de l'autre pays, pourvu qu'on y indique la source à laquelle on les aura puisés.

Toutefois, cette permission ne s'étendra pas à la reproduction, dans l'un des deux pays, des articles de journaux ou de recueils périodiques publiés dans l'autre, lorsque les auteurs auront formellement déclaré, dans le journal ou le recueil même où ils les auront fait paraître, qu'ils en interdisent la reproduction.

En aucun cas cette interdiction ne pourra atteindre les articles de discussion politique.

ART. 9.

L'introduction, l'exportation, la circulation, la vente et l'exposition, dans chacun des deux États, d'ouvrages ou objets de reproduction non autorisée, définis par les articles 1er, 4, 5 et 6, sont prohibées, sauf ce qui est dit à l'art. 13, soit que les reproductions non autorisées proviennent de l'un des deux pays, soit qu'elles proviennent d'un pays étranger quelconque.

ART. 10.

En cas de contravention aux dispositions des articles précédents, la saisie des objets de contrefaçon sera opérée, et les tribunaux appliqueront les pénalités déterminées par les législations respectives de la même manière que si l'infraction avait été commise au préjudice d'un ouvrage ou d'une production d'origine nationale.

Les caractères constituant la contrefaçon seront déterminés par les tribunaux de l'un et de l'autre pays d'après la législation en vigueur dans chacun des deux États.

ART. 11.

Les livres d'importation licite et les autres productions mentionnées dans la présente convention, venant de Belgique, continueront à être admis en France, tant à l'entrée qu'au transit direct ou par entrepôt, par tous les bureaux qui leur sont actuellement ouverts ou qui pourraient l'être par la suite.

Si les intéressés le désirent, les livres déclarés à l'entrée seront expédiés directement en France, à la direction de l'imprimerie, de la librairie et de la presse, au ministère de l'intérieur, et en Belgique à l'entrepôt de Bruxelles, pour y subir les vérifications nécessaires, qui auront lieu au plus tard dans le délai de quinze jours.

ART. 12.

Les dispositions de la présente convention ne pourront porter préjudice, en quoi que ce soit, au droit qui appartiendrait à chacune des deux hautes parties contractantes de permettre, de surveiller ou d'interdire, par des mesures de législation ou de police intérieure, la circulation, la représentation ou l'exposition de tout ouvrage ou production à l'égard desquels l'autorité compétente aurait à exercer ce droit.

Chacune des deux hautes parties contractantes conserve, d'ailleurs, le droit de prohiber l'importation dans ses propres États des livres qui, d'après ses lois intérieures ou des stipulations souscrites avec d'autres puissances, sont ou seraient déclarés être des contrefaçons.

ART. 13.

Sont maintenues les dispositions de la convention du 22 août 1852 et de la déclaration jointe à ladite convention relatives à la possession et à la vente par les éditeurs, imprimeurs ou libraires belges ou français de réimpression d'ouvrages de propriété française ou belge non tombés dans le domaine public, fabriqués, importés ou en cours de fabrication et de réimpression non autorisée, aux époques fixées par l'article additionnel du 27 février 1854.

ART. 14.

Le gouvernement français et le gouvernement belge prendront les mesures nécessaires pour interdire l'entrée, sur leurs territoires respectifs, des ouvrages que des éditeurs français ou belges auraient acquis le droit de réimprimer, avec la réserve que ces réimpressions ne seraient autorisées que pour la vente en France ou en Belgique et sur des marchés tiers.

Les ouvrages auxquels cette disposition est applicable devront porter sur leurs titres et couvertures les mots : *Édition interdite en France (en Belgique) et autorisée pour (la Belgique) la France et l'étranger.*

ART. 15.

Les sujets de l'une des hautes parties contractantes jouiront dans les États de l'autre de la même protection que les nationaux pour tout ce qui concerne la propriété des marques de fabrique ou de commerce, ainsi que des dessins ou modèles industriels et de fabrique de toute espèce.

Le droit exclusif d'exploiter un dessin ou modèle industriel ou de fabrique ne peut avoir, au profit des Français en Belgique, et réciproquement au profit des Belges en France, une durée plus longue que celle fixée par la loi du pays à l'égard des nationaux.

Si le dessin ou modèle industriel ou de fabrique appartient au domaine public dans le pays d'origine, il ne peut être l'objet d'une jouissance exclusive dans l'autre pays.

Les dispositions des deux paragraphes qui précèdent sont applicables aux marques de fabrique ou de commerce.

Les droits des sujets de l'une des hautes parties contractantes dans les États de l'autre ne sont pas subordonnés à l'obligation d'y exploiter les modèles ou dessins industriels ou de fabrique.

Le présent article ne recevra son exécution, dans l'un et l'autre pays, à l'égard des modèles ou dessins industriels ou de fabrique, qu'à l'expiration d'une année, à partir de ce jour.

ART. 16.

Les Français ne pourront revendiquer, en Belgique, la propriété exclusive d'une marque, d'un modèle, ou d'un dessin, s'ils n'en ont déposé deux exemplaires au greffe du tribunal de commerce à Bruxelles.

Réciproquement, les Belges ne pourront revendiquer, en France, la propriété exclusive d'une marque, d'un modèle ou d'un dessin, s'ils n'en ont déposé deux exemplaires, à Paris, au greffe du tribunal de commerce de la Seine.

ART. 17.

La présente convention demeurera en vigueur pendant dix années, à partir du jour de l'échange des ratifications. Dans le cas où aucune des deux hautes parties contractantes n'aurait notifié, une année avant l'expiration de ce terme, son intention d'en faire cesser les effets, la convention continuera à être obligatoire encore une année, et ainsi de suite, d'année en année, jusqu'à l'expiration d'une année, à partir du jour, où l'une des parties l'aura dénoncée.

ART. 18.

La présente convention sera ratifiée, et les ratifications en seront échangées à Paris, dans le délai de deux mois, ou plus tôt si faire se peut, simultanément avec celles du traité de commerce et du traité de navigation conclus, sous la date de ce jour, entre les deux hautes parties contractantes.

En foi de quoi, etc.

(*Bull.* 933, *n°* 9056.)

DÉCRET IMPÉRIAL *portant promulgation de la déclaration signée le 27 mai 1861, et interprétative de l'article 2 de la convention littéraire, artistique et industrielle; conclue, le 1er du même mois, entre la France et la Belgique.*

Du 27 mai 1861.

NAPOLÉON, etc.

AVONS DÉCRÉTÉ et DÉCRÉTONS ce qui suit :

Une déclaration interprétative de l'article 2 de la convention littéraire, artistique et industrielle, conclue, le 1er mai 1861, entre la France et la Belgique, ayant été signée le 27 mai 1861 par notre ministre secrétaire d'État au département des affaires étrangères et le chargé d'affaires de la Belgique à Paris, ladite déclaration, dont la teneur suit, est approuvée et recevra sa pleine et entière exécution.

Déclaration du 27 mai 1861.

Au moment de procéder à l'échange des ratifications de la convention pour la garantie réciproque de la propriété littéraire, etc., conclue entre la France et la Belgique, le 1er du présent mois de mai, les soussignés sont convenus de fixer ainsi qu'il suit l'interprétation de l'article 2 de ladite convention :

« Les éditeurs belges restent en possession des avantages dont ils » jouissent déjà, en vertu de la convention du 22 août 1852, pour la » publication des chrestomathies françaises. Il est donc entendu qu'ils » demeurent libres de composer de semblables recueils avec des » extraits d'ouvrages français tombés ou non dans le domaine public, » sans qu'ils soient tenus de les accompagner de notes ou traductions » d'aucune sorte. »

(*Bull.* 933, *n°* 9057.)

DÉCRET *sur les dégrèvements de droits d'importation,*

Du 14 juin 1865.

(*Voir Angleterre, p.* 143.)

(*Bull.* 1397, n° 13318.)

ITALIE.

DÉCRET IMPÉRIAL *portant promulgation de la Convention littéraire conclue le* 29 *juin* 1862 *entre la France et le royaume d'Italie.*

Du 24 septembre 1862.

NAPOLÉON, etc,

AVONS DÉCRÉTÉ et DÉCRÉTONS ce qui suit :

Une convention ayant été conclue, le 29 juin 1862, entre la France et le royaume d'Italie, pour la garantie réciproque de la propriété des œuvres d'esprit et d'art, et les ratifications de cet acte ayant été échangées à Paris, le 13 du présent mois, ladite convention, dont la teneur suit, recevra sa pleine et entière exécution.

Convention du 29 juin 1862.

Sa Majesté l'Empereur des Français et Sa Majesté le Roi d'Italie, également animés du désir d'apporter aux accords internationaux existants pour la garantie de la propriété littéraire et artistique les modifications que l'expérience a suggérées, ont jugé à propos de conclure, dans ce but, une nouvelle convention spéciale, etc.

ART 1er.

Les auteurs de livres, brochures ou autres écrits, de compositions musicales, d'œuvres de dessin, de peinture, de sculpture, de gravure, de lithographie et de toutes autres productions analogues du domaine littéraire ou artistique jouiront, réciproquement dans chacun des deux États, des avantages qui y sont ou y seront attribués par la loi à la propriété des ouvrages de littérature ou d'art; et ils auront contre toute atteinte portée à leurs droits la même protection et le même recours légal que si cette atteinte s'adressait aux auteurs d'ouvrages publiés pour la première fois dans le pays même.

Toutefois, ces avantages ne leur seront réciproquement assurés que durant l'existence de leurs droits dans le pays où la publication originale a été faite, et la durée de leur jouissance dans l'autre pays ne pourra excéder celle fixée par la loi pour les auteurs nationaux.

La propriété des œuvres musicales s'étend aux morceaux dits *arrangements*, composés sur des motifs extraits de ces mêmes œuvres. Les contestations qui s'élèveraient sur l'application de cette clause demeureront réservées à l'appréciation des tribunaux respectifs.

Tout privilége ou avantage qui serait accordé ultérieurement à un autre pays par l'un des deux pays contractants, en matière de propriété d'œuvres de littérature ou d'art dont la définition est donnée dans le présent article, sera acquis de plein droit aux citoyens de l'autre.

Art. 2.

Pour assurer à tous les ouvrages d'esprit ou d'art la protection stipulée dans l'article précédent, et pour que les auteurs ou éditeurs de ces ouvrages soient admis en conséquence à exercer devant les tribunaux des deux pays des poursuites contre les contrefaçons, il suffira que lesdits auteurs ou éditeurs justifient de leur droit de propriété en établissant, par un certificat de l'autorité publique compétente en chaque pays, que l'ouvrage en question est une œuvre originale qui, dans le pays où elle a été publiée, jouit de la protection légale contre la contrefaçon ou la reproduction illicite.

Pour les ouvrages publiés en France, ce certificat sera délivré par le bureau du dépôt légal et de la propriété littéraire au ministère de l'intérieur et légalisé par la mission d'Italie à Paris; pour les ouvrages publiés dans le royaume d'Italie, il sera délivré par le ministère d'agriculture, industrie et commerce, et légalisé par la mission de France à Turin.

Art. 3.

La traduction faite dans l'un des deux États d'un ouvrage publié dans l'autre État est assimilée à sa reproduction et comprise dans les dispositions de l'article 1er, pourvu que l'auteur, en faisant paraître son ouvrage, ait notifié au public qu'il entend le traduire lui-même et que sa traduction ait été publiée dans le délai d'un an, à partir de la publication du texte original.

Art. 4.

Afin de pouvoir constater d'une manière précise dans les deux États le jour de la publication d'un ouvrage, on se réglera sur la date du dépôt qui en aura été opéré dans l'établissement public préposé à cet effet. Si l'auteur entend réserver son droit de traduction, il en fera la déclaration en tête de son ouvrage et mentionnera à la suite de cette déclaration la date du dépôt.

A l'egard des ouvrages qui se publient par livraisons, il suffira que cette declaration de l'auteur soit faite dans la première livraison. Toutefois, le terme fixé pour l'exercice de ce droit ne commencera à courir qu'à dater de la publication de la dernière livraison, pourvu d'ailleurs qu'entre les deux publications il ne s'écoule pas plus de trois ans.

Relativement auxdits ouvrages publiés par livraisons, l'indication de la date du dépôt devra être apposée sur la dernière livraison à partir de laquelle commence le délai fixé pour l'exercice du droit de traduction.

ART. 5.

Sont expressément assimilées aux ouvrages originaux les traductions faites dans l'un des deux États d'ouvrages nationaux ou étrangers. Ces traductions jouiront, à ce titre, de la protection stipulée par l'article 1er, en ce qui concerne leur reproduction non autorisée dans l'autre État.

Il est bien entendu, toutefois, que l'objet du présent article est simplement de protéger le traducteur, par rapport à la version qu'il a donnée de l'ouvrage original, et non pas de conférer le droit exclusif de traduction au premier traducteur d'un ouvrage quelconque écrit en langue morte ou vivante, si ce n'est dans le cas et les limites prévus par l'article ci-après.

ART. 6.

Les stipulations contenues dans l'article 1er s'appliquent également à la représentation et à l'exécution en original ou en traduction des œuvres dramatiques ou musicales, en tant que les lois de chacun des deux États garantissent ou garantiront, par la suite, protection aux œuvres susdites, exécutées ou représentées pour la première fois sur les territoires respectifs. Pour obtenir la garantie exprimée dans le présent article, en ce qui touche la représentation ou exécution et traduction d'une œuvre dramatique ou musicale, il faut que, dans l'espace de six mois après la publication ou la représentation de l'original dans l'un des deux pays, l'auteur en ait fait paraître la traduction dans la langue de l'autre pays.

ART. 7.

Les mandataires légaux ou ayants cause des auteurs, traducteurs, compositeurs, dessinateurs, peintres, sculpteurs, lithographes, photographes, etc., jouiront des mêmes droits que ceux que la présente convention accorde aux auteurs, traducteurs, compositeurs, dessinateurs, peintres, sculpteurs, graveurs, lithographes ou photographes eux-mêmes.

ART. 8.

Nonobstant les stipulations des articles 1er et 5 de la présente convention, les articles extraits des journaux ou recueils périodiques publiés par l'un des deux pays pourront être reproduits ou traduits dans les journaux ou recueils périodiques de l'autre pays, pourvu qu'on y indique la source à laquelle on les aura puisés.

Toutefois, cette faculté ne s'étendra pas à la reproduction dans l'un des deux pays des articles de journaux ou de recueils périodiques publiés dans l'autre, lorsque les auteurs auront formellement déclaré, dans le journal ou dans le recueil même où ils les auront fait paraître, qu'ils en interdisent la reproduction. En aucun cas, cette interdiction ne pourra atteindre les articles de discussion politique.

ART. 9.

L'introduction, l'exportation, le transit, la vente et l'exposition, dans chacun des deux États, d'ouvrages ou objets dont la reproduction n'est pas autorisée, définis par les articles 1er, 4, 5 et 6, sont prohibés. sauf ce qui est dit à l'article 12, soit que les reproductions non autorisées proviennent de l'un des deux pays, soit qu'elles proviennent d'un pays étranger quelconque.

ART. 10.

En cas de contravention aux dispositions des articles précédents, la saisie des objets de contrefaçon sera opérée, et les tribunaux appliqueront les pénalités déterminées par les législations respectives, de la même manière que si l'infraction avait été commise au préjudice d'un ouvrage ou d'une production d'origine nationale.

Les caractères constituant la contrefaçon seront déterminés par les tribunaux de l'un et de l'autre pays, d'après la législation en vigueur dans chacun des deux États.

ART. 11.

La présente convention ne pourra faire obstacle à la libre continuation de la vente, publication ou introduction dans les États respectifs des ouvrages qui auraient été déjà publiés en tout ou en partie dans l'un d'eux, avant la mise en vigueur de la convention du 28 août 1843 (1), pourvu qu'on ne puisse postérieurement faire aucune autre publication des mêmes ouvrages, ni introduire de l'étranger des exemplaires autres que ceux destinés à compléter les expéditions ou souscriptions précédemment commencées.

ART. 12.

Les livres importés du royaume d'Italie continueront à être admis

(1) XIe série, Bull. 1046, n° 10,925.

en France, tant à l'entrée qu'au transit direct ou par entrepôt, pour tous les bureaux qui leur sont actuellement ouverts ou qui pourraient l'être par la suite.

Si les intéressés le désirent, les livres déclarés à l'entrée seront expédiés directement en France à la direction de l'imprimerie et de la librairie au ministère de l'intérieur, et en Italie au ministère d'agriculture, industrie et commerce, pour y subir les vérifications nécessaires, qui auront lieu au plus tard dans le délai de quinze jours.

ART. 13.

Les sujets de l'une des hautes parties contractantes jouiront, dans les États de l'autre, de la même protection que les nationaux, pour tout ce qui concerne la propriété des marques de fabrique ou de commerce, ainsi que des dessins ou modèles industriels et de fabrique de toute espèce.

Le droit exclusif d'exploiter un dessin ou modèle industriel ou de fabrique ne peut avoir au profit des Français en Italie, et réciproquement au profit des Italiens en France, une durée plus longue que celle fixée par la loi du pays à l'égard des nationaux.

Si le dessin ou modèle industriel ou de fabrique appartient au domaine public dans le pays d'origine, il ne peut être l'objet d'une jouissance exclusive dans l'autre pays.

Les dispositions des deux paragraphes qui précèdent sont applicables aux marques de fabrique ou de commerce.

Les droits des sujets de l'une des hautes parties contractantes dans les États de l'autre ne sont pas subordonnés à l'obligation d'y exploiter les modèles ou dessins industriels ou de fabrique.

Le présent article ne recevra son exécution, dans l'un et l'autre pays, à l'égard des modèles ou dessins industriels ou de fabrique, qu'à l'expiration d'une année, à partir de ce jour.

Les Français ne pourront revendiquer, en Italie, la propriété exclusive d'une marque, d'un modèle ou d'un dessin, s'ils n'en ont déposé deux exemplaires au bureau central des privatives industrielles à Turin.

Réciproquement, les Italiens ne pourront revendiquer, en France, la propriété exclusive d'une marque, d'un modèle ou d'un dessin, s'ils n'en ont déposé deux exemplaires à Paris, au greffe du tribunal de commerce de la Seine.

ART. 14.

Les dispositions de la présente convention ne pourront porter préjudice, en quoi que ce soit, au droit qui appartiendrait à chacune des deux hautes parties contractantes de permettre, de surveiller ou d'interdire, par des mesures de législation de police intérieure, la circulation, la représentation ou l'exposition de tout ouvrage ou production, à l'égard desquels l'autorité compétente aurait à exercer ce droit.

Chacune des deux hautes parties contractantes conserve, d'ailleurs, le droit de prohiber l'importation, dans ses propres États, des livres qui, d'après ses lois intérieures ou des stipulations souscrites avec d'autres puissances, sont ou seraient déclarés être des contrefaçons.

ART. 15.

Pour faciliter la pleine exécution du présent traité, les deux hautes parties contractantes promettent de se donner mutuellement connaissance de tous les règlements, ordonnances et mesures d'exécution quelconques qui seraient décrétés dans l'un et l'autre pays, concernant les matières réglées dans la convention présente, ainsi que des changements qui pourraient survenir dans la législation des deux pays, en ce qui touche la garantie de la propriété littéraire et artistique.

ART. 16.

La présente convention demeurera en vigueur pendant douze années, à partir du jour de l'échange des ratifications. Dans le cas où aucune des deux hautes parties contractantes n'aurait notifié, une année avant l'expiration de ce terme, son intention d'en faire cesser les effets, la convention continuera à être obligatoire encore une année, et ainsi de suite, d'année en année, jusqu'à l'expiration d'une année, à partir du jour où l'une des parties l'aura dénoncée.

Les hautes parties contractantes se réservent cependant la faculté d'apporter, d'un commun accord, à la présente convention, toute modification dont l'expérience viendrait à démontrer l'opportunité.

ART. 17.

La présente convention sera ratifiée, et les ratifications en seront échangées à Paris, dans le délai de deux mois, ou plus tôt si faire se peut.

En foi de quoi, etc.

(*Bull.* 1057, *n°* 10626).

DÉCRET *sur les dégrèvements de droit d'importation.*

Du 14 juin 1865.

(*Voir Angleterre*, p. 143.)

(*Bull.* 1297. *n°* 13318).

PRUSSE.

—

DÉCRET IMPÉRIAL *portant promulgation de la convention conclue, le 2 août 1862, entre la France et la Prusse, pour la garantie réciproque de la propriété des œuvres d'esprit et d'art.*

Du 10 mai 1865

NAPOLÉON, etc.

AVONS DÉCRÉTÉ et DÉCRÉTONS ce qui suit :

Une convention ayant été conclue, le 2 août 1862, entre la France et la Prusse, pour la garantie réciproque de la propriété des œuvres d'esprit et d'art, et les ratifications de cet acte ayant été échangées, le 9 mai 1865, ladite convention, dont la teneur suit, recevra sa pleine et entière exécution.

Convention du 2 août 1862.

Sa Majesté l'empereur des Français et Sa Majesté le roi de Prusse, également animés du désir d'adopter, d'un commun accord, les mesures qui leur ont paru les plus propres à garantir réciproquement la propriété des œuvres d'esprit et d'art, ont résolu de conclure une convention à cet effet, etc.

ART. 1er.

Les auteurs de livres, brochures ou autres écrits, de compositions musicales ou d'arrangements de musique, d'œuvres de dessin, de peinture, de sculpture, de gravure, de lithographie et de toutes autres productions analogues du domaine littéraire ou artistique, jouiront, dans chacun des deux Etats, réciproquement des avantages qui y sont ou y seront attribués par la loi à la propriété des ouvrages de littérature ou d'art, et ils auront la même protection et le même recours légal contre toute atteinte portée à leurs droits que si cette atteinte avait été commise à l'égard d'auteurs d'ouvrages publiés pour la première fois dans le pays même.

Toutefois, ces avantages ne leur seront réciproquement assurés que pendant l'existence de leurs droits dans le pays où la publication originale a été faite, et la durée de leur jouissance dans l'autre pays ne pourra excéder celle fixée par la loi pour les auteurs nationaux.

ART. 2.

Sera réciproquement licite la publication dans chacun des deux pays d'extraits ou de morceaux entiers d'ouvrages ayant paru pour la première fois dans l'autre, pourvu que ces publications soient spécialement appropriées et adaptées pour l'enseignement ou l'étude, et soient accompagnées de notes explicatives ou de traductions interlinéaires ou marginales dans la langue du pays où elles sont imprimées.

ART. 3.

La jouissance du bénéfice de l'article 1er est subordonnée à l'accomplissement, dans le pays d'origine, des formalités qui sont prescrites par la loi pour assurer la propriété des ouvrages de littérature ou d'art.

Pour les livres, cartes, estampes, gravures, lithographies ou œuvres musicales publiés pour la première fois dans l'un des deux Etats, l'exercice du droit de propriété dans l'autre Etat sera, en outre, subordonné à l'accomplissement préalable, dans ce dernier, de la formalité de l'enregistrement, effectuée de la manière suivante :

Si l'ouvrage a paru pour la première fois en Prusse, il devra être enregistré à Paris, au ministère de l'intérieur.

Si l'ouvrage a paru pour la première fois en France, il devra être enregistré à Berlin, au ministère des cultes.

L'enregistrement se fera, de part et d'autre, sur la déclaration écrite des intéressés, laquelle pourra être respectivement adressée, soit aux susdits ministères, soit aux légations dans les deux pays.

Dans tous les cas, la déclaration devra être présentée dans les trois mois qui suivront la publication de l'ouvrage dans l'autre pays, pour les ouvrages publiés postérieurement à la mise en vigueur de la présente convention, et dans les trois mois qui suivront cette mise en vigueur, pour les ouvrages publiés antérieurement.

A l'égard des ouvrages qui paraissent par livraisons, le délai de trois mois ne commencera à courir qu'à dater de la publication de la dernière livraison, à moins que l'auteur n'ait indiqué, conformément aux dispositions de l'article 6, son intention de se réserver le droit de traduction, auquel cas chaque livraison sera considérée comme un ouvrage séparé.

La formalité de l'enregistrement, qui en sera fait sur des registres spéciaux tenus à cet effet, ne donnera, de part et d'autre, ouverture à la perception d'aucune taxe.

Les intéressés recevront un certificat authentique de l'enregistrement ; ce certificat sera délivré gratis, sauf, s'il y a lieu, les frais de timbre.

Le certificat relatera la date précise à laquelle la déclaration aura eu lieu; il fera foi dans toute l'étendue des territoires respectifs et constatera le droit exclusif de propriété et de production aussi longtemps que quelque autre personne n'aurait pas fait admettre en justice un droit mieux établi.

ART. 4.

Les stipulations de l'article 1er s'appliqueront également à la représentation ou exécution des œuvres dramatiques ou musicales, publiées, exécutées ou représentées pour la première fois dans l'un des deux pays, après la mise en vigueur de la présente convention.

ART. 5.

Sont expressément assimilées aux ouvrages originaux les traductions faites, dans l'un des deux Etats, d'ouvrages nationaux ou étrangers. Ces traductions jouiront, à ce titre, de la protection stipulée par l'article 1er, en ce qui concerne leur reproduction non autorisée dans l'autre Etat. Il est bien entendu, toutefois, que l'objet du présent article est simplement de protéger le traducteur par rapport à la version qu'il a donnée de l'ouvrage original, et non pas de conférer le droit exclusif de traduction au premier traducteur d'un ouvrage quelconque, écrit en langue morte ou vivante, hormis le cas et les limites prévus par l'article ci-après.

ART. 6.

L'auteur de tout ouvrage publié dans l'un des deux pays, qui aura entendu se réserver le droit de traduction, jouira pendant cinq années, à partir du jour de la première publication de la traduction de son ouvrage autorisée par lui, du privilége de protection contre la publication dans l'autre pays, de toute traduction du même ouvrage non autorisée par lui, et ce sous les conditions suivantes :

1° L'ouvrage original sera enregistré dans l'un des deux pays sur la déclaration faite dans un délai de trois mois, à partir du jour de la première publication dans l'autre pays, conformément aux dispositions de l'article 3.

2° L'auteur devra indiquer, en tête de son ouvrage, l'intention de se réserver le droit de traduction.

3° Il faudra que ladite traduction autorisée ait paru, au moins en partie, dans le délai d'un an, à compter de la date de la déclaration de l'original effectuée ainsi qu'il vient d'être prescrit, et en totalité dans le délai de trois ans, à partir de ladite déclaration.

4° La traduction devra être publiée dans l'un des deux pays, et être elle-même enregistrée, conformément aux dispositions de l'article 3.

Pour les ouvrages publiés par livraisons, il suffira que la déclaration de l'auteur, qu'il entend se réserver le droit de traduction, soit exprimée dans la première livraison.

Toutefois, en ce qui concerne le terme de cinq ans, assigné par cet article pour l'exercice du droit privilégié de traduction, chaque livraison sera considérée comme un ouvrage séparé ; chacune d'elles sera enregistrée dans l'un des deux pays, sur la déclaration faite dans les trois mois, à partir de sa première publication dans l'autre.

Relativement à la traduction des ouvrages dramatiques ou à la représentation de ces traductions, l'auteur qui voudra se réserver le droit exclusif dont il s'agit aux articles 4 et 6, devra faire paraître ou représenter sa traduction trois mois après l'enregistrement de l'ouvrage original.

ART. 7.

Lorsque l'auteur d'une œuvre spécifiée de l'article 1er aura cédé son droit de publication ou de reproduction à un éditeur dans le territoire de chacune des hautes parties contractantes, sous la réserve que les exemplaires ou éditions de cette œuvre ainsi publiés ou reproduits, ne pourront être vendus dans l'autre pays, ces exemplaires ou éditions seront respectivement considérés et traités dans ce pays comme reproduction illicite.

ART. 8.

Les mandataires légaux, ou ayants cause des auteurs, traducteurs, compositeurs, dessinateurs, peintres, sculpteurs, graveurs, lithographes, etc., jouiront réciproquement, et à tous égards, des mêmes droits que ceux que la présente convention accorde aux auteurs, traducteurs, compositeurs, dessinateurs, peintres, sculpteurs, graveurs et lithographes eux-mêmes.

ART. 9.

Nonobstant les stipulations des articles 1 et 5 de la présente Convention, les articles extraits des journaux ou recueils périodiques publiés dans l'un des deux pays pourront être reproduits ou traduits dans les journaux ou recueils périodiques de l'autre pays, pourvu qu'on y indique la source à laquelle on les aura puisés.

Toutefois, cette faculté ne s'étendra pas à la reproduction, dans l'un des deux pays, des articles des journaux ou de recueils périodiques publiés dans l'autre, lorsque les auteurs auront formellement déclaré, dans le journal ou le recueil même où ils les auront fait paraître, qu'ils en interdisent la reproduction. En aucun cas, cette interdiction ne pourra atteindre les articles de discussion politique.

ART. 10.

La vente et l'exposition, dans chacun des deux Etats, d'ouvrages ou objets de reproduction non autorisés, définis par les articles 1, 4, 5 et 6, sont prohibées, sauf ce qui est dit à l'article 12, soit que lesdites reproductions non autorisées proviennent de l'un des deux pays, soit qu'elles proviennent d'un pays étranger quelconque.

ART. 11.

En cas de contravention aux dispositions des articles précédents, la saisie des objets de contrefaçon sera opérée, et les tribunaux appliqueront les peines déterminées par les législations respectives, de la même manière que si l'infraction avait été commise au préjudice d'un ouvrage ou d'une production d'origine nationale.

Les caractères constituant la contrefaçon seront déterminés par les tribunaux de l'un ou de l'autre pays, d'après la législation en vigueur dans chacun des deux Etats.

ART. 12.

Les deux gouvernements prendront, par voie de règlement d'administration publique, les mesures nécessaires pour prévenir toute difficulté ou complication à raison de la possession et de la vente, par les éditeurs, imprimeurs ou libraires de l'un ou de l'autre des deux pays, de réimpressions d'ouvrages de propriété des sujets respectifs et non tombés dans le domaine public, fabriqués ou importés par eux antérieurement à la mise en vigueur de la présente convention, ou actuellement en cours de fabrication et de réimpression non autorisée.

Ces règlements s'appliqueront également aux clichés, bois et planches gravées de toute sorte, ainsi qu'aux pierres lithographiques existant en magasin, chez les éditeurs ou imprimeurs prussiens ou français, et constituant une reproduction non autorisée de modèles prussiens ou français.

Toutefois, ces clichés, bois et planches gravées de toute sorte, ainsi que les pierres lithographiques, ne pourront être utilisés que pendant quatre ans, à dater de la mise en vigueur de la présente convention.

ART. 13.

Pendant la durée de la présente convention, les objets suivants, savoir : livres en toutes langues, estampes, gravures, lithographies et photographies, cartes géographiques ou marines, musique, planches gravées en cuivre, acier ou bois, et pierres lithographiques couvertes de dessins, gravures ou écritures, destinées à l'imprimerie sur papier, tableaux et dessins, seront réciproquement admis en franchise de droits, sans certificats d'origine.

ART. 14.

Les livres d'importation licite venant de Prusse seront admis en France, tant à l'entrée qu'au transit direct ou par entrepôt, savoir :

1° Les livres en langue française, par les bureaux de Forbach, Wissembourg, Strasbourg, Pontarlier, Bellegarde, Pont-de-la-Caille, Saint-Jean-de-Maurienne, Chambéry, Nice, Marseille, Bayonne, Saint-Nazaire, le Havre, Lille, Valenciennes, Thionville et Bastia ;

2° Les livres en toute autre langue que française, par les mêmes bureaux et, en outre, par les bureaux de Sarreguemines, Saint-Louis, Verrières-de-Joux, Perpignan (par le Perthus), le Perthus, Béhobie, Bordeaux, Nantes, Saint-Malo, Caen, Rouen, Dieppe, Boulogne, Calais, Dunkerque, Apach et Ajaccio.

Sans préjudice toutefois des autres bureaux qui pourraient être ultérieurement désignés pour le même effet.

En Prusse, les livres d'importation licite venant de France seront admis par tous les bureaux de douane.

ART. 15.

Dans le cas où un impôt de consommation viendrait à être établi sur le papier dans l'un des deux pays, il est bien entendu que cet impôt atteindrait proportionnellement les livres, estampes, gravures et lithographies importés de l'autre pays.

Néanmoins, en ce qui concerne les livres, cet impôt ne sera éventuellement appliqué qu'à ceux qui auront été publiés dans l'un ou l'autre pays, postérieurement à la création de l'impôt de consommation dont il s'agit.

ART. 16.

Les dispositions de la présente convention ne pourront porter préjudice, en quoi que ce soit, au droit qui apppartient à chacune des deux hautes parties contractantes de permettre, de surveiller ou d'interdire, par des mesures de législation ou la police intérieure, la circulation, la représentation ou l'exposition de tout ouvrage ou production à l'égard desquels l'autorité compétente aurait à exercer ce droit.

La présente convention ne portera aucune atteinte au droit de l'une ou de l'autre des deux hautes parties contractantes de prohiber l'importation dans ses propres États des livres qui, d'après ses lois intérieures ou des stipulations souscrites avec d'autres puissances, sont ou seraient déclarés être des contrefaçons.

ART. 17.

Le droit d'accession à la présente convention est réservé à tout État qui appartient actuellement ou qui appartiendra par la suite au Zollverein.

Cette accession pourra se faire par un échange de déclarations entre les États contractants et la France.

ART. 18.

La présente convention sera mise en vigueur deux mois après l'échange de ses ratifications.

Elle aura la même durée que les traités de commerce et de navigation conclus, à la date de ce jour, entre les États du Zollverein et la France (12 *ans*).

ART. 19.

La présente convention sera ratifiée et les ratifications en seront échangées à Berlin en même temps que celles des traités précités.

En foi de quoi, etc.

(*Bull.* 1285, *n°* 13125.)

—

DÉCRET IMPÉRIAL *qui ouvre les bureaux de douane de Forbach, Saint-Louis et Weissembourg au transit de la librairie, en langue française.*

Du 14 juin 1865.

NAPOLÉON, etc.

Vu la convention littéraire conclue avec la Prusse le 2 août 1862 ;

Vu la convention littéraire conclue avec la Suisse le 30 juin 1864 ;

Vu l'article 8 de la loi du 6 mai 1841 (dispositions réglementaires) ;

Vu la loi du 19 mai 1841 sur la librairie ;

Vu l'ordonnance du 13 décembre 1842 (importation et transit de la librairie venant de l'étranger).

AVONS DÉCRÉTÉ et DÉCRÉTONS ce qui suit :

Les bureaux de douane de Forbach, Saint-Louis et Weissembourg, sont ouverts au transit de la librairie en langue française.

(*Bull.* 1297, *n°* 13319.)

Décret impérial *relatif à l'exécution de la convention conclue, le 2 août 1862, entre la France et la Prusse, pour la garantie réciproque de la propriété des Œuvres d'esprit et d'art.*

Le 30 juin 1865.

NAPOLEON, etc.

Vu la convention conclue, le 2 août 1862, entre la France et la Prusse, pour la garantie réciproque de la propriété des œuvres d'esprit et d'art, et notamment les art. 1, 12, 13 et 14 ;

Vu le décret du 28 mars 1852 ;

Notre Conseil d'Etat entendu,

Avons décrété et décrétons ce qui suit :

Art. 1.

Immédiatement après la mise en vigueur de la convention du 2 août 1862, il sera procédé, par les soins de notre ministre secrétaire d'Etat au département de l'intérieur, chez tous les libraires éditeurs et imprimeurs, à l'inventaire de toutes les réimpressions d'ouvrages prussiens non tombés dans le domaine public, lesquelles ont été publiées ou étaient en cours de publication en France le 2 août 1862.

Art. 2.

Dans un délai de trois mois, à dater du jour de la publication du présent règlement, sauf prolongation en cas d'impossibilité matérielle, il sera apposé gratuitement, par les délégués de notre ministre secrétaire d'Etat au département de l'intérieur, un timbre uniforme sur tous les ouvrages inventoriés chez chaque libraire détaillant. Quant aux éditeurs, un compte leur sera ouvert au ministère de l'intérieur pour chaque ouvrage de propriété prussienne reproduit par eux, avec ou sans autorisation, et qui existe dans leurs magasins.

L'apposition du timbre, pour chacune de ces reproductions, aura lieu sur la demande desdits éditeurs, au fur et à mesure de leurs besoins, jusqu'à concurrence du nombre d'exemplaires porté à leur compte dans l'inventaire général mentionné à l'article 1er du présent règlement.

Art. 3.

Après l'expiration du délai mentionné à l'article 2 pour l'apposition du timbre, toute réimpression non autorisée de livres prussiens, mise en vente ou expédiée par l'éditeur, sera passible de saisie si elle n'est pas revêtue du timbre. En ce qui regarde les détaillants, toute réimpression non autorisée et dépourvue du timbre, dont, à partir de la même époque, ils seront trouvés détenteurs, pourra être saisie et confisquée.

ART. 4.

Toute contrefaçon, toute falsification ou tout usage frauduleux du timbre sera passible des peines portées par les art. 142 et 143 du Code pénal.

ART. 5.

En ce qui concerne les ouvrages qui étaient en cours de publication le 2 août 1862, les éditeurs français seront tenus, dans les dix jours qui suivront la mise en vigueur du traité, de faire le dépôt au ministère des cultes, à Berlin, ou à la chancellerie de la légation prussienne, à Paris, d'un exemplaire de tous les volumes ou livraisons parus des ouvrages dont il s'agit. Ce dépôt sera accompagné d'une déclaration du nombre des exemplaires tirés pour chaque volume ou livraison, soit en une, soit en plusieurs éditions.

Les volumes ou livraisons à paraître ne pourront être mis en vente qu'après que les conditions du dépôt et de l'apposition du timbre spécial auront été dûment remplies.

Dans aucun cas, le tirage des volumes ou livraisons à paraître ne pourra dépasser le chiffre du tirage des volumes ou livraisons déjà parus.

ART. 6.

Les clichés, bois et planches gravées de toute sorte, ainsi que les pierres lithographiques existant en magasin, chez les éditeurs ou imprimeurs français, constituant une reproduction non autorisée de modèles prussiens, seront également inventoriés par les soins du département de l'intérieur. Ils ne pourront être utilisés que pendant quatre ans, à dater de la mise en vigueur de la convention.

ART. 7.

Les estampes, gravures ou lithographies, qu'elles soient isolées, qu'elles fassent partie de collections ou qu'elles appartiennent à des corps d'ouvrages, qui seront produites ou tirées à l'aide des clichés, bois ou planches gravées ou pierres lithographiques spécifiées dans l'article précédent, ne pourront être mises en vente qu'après avoir été revêtues du timbre spécial.

Les tirages d'épreuves nécessaires pour compléter les volumes imprimés ne donneront lieu à aucune indemnité au profit du propriétaire de l'édition originale.

ART. 8.

L'importation de Prusse en France des ouvrages français réimprimés sans autorisation, qui auront été soumis à la formalité du timbre, ne pourra être effectuée qu'avec le consentement des auteurs et éditeurs français intéressés, ou lorsque l'ouvrage original sera tombé dans le domaine public.

ART. 9.

Les livres d'importation licite venant de Prusse seront admis en France, conformément à l'article 14 de la convention, tant à l'entrée qu'au transit direct ou par entrepôt, savoir :

1° Les livres en langue française, par les douanes de Forbach, Wissembourg et Saint-Louis ;

Par les douanes suivantes, ouvertes, en vertu du décret du 14 mars 1863, à toutes les productions littéraires ou artistiques venant de l'étranger : Strasbourg, Bayonne, Marseille, Bastia, Lille, Valenciennes, le Havre, Bellegarde, Thionville, Saint-Nazaire, Nice, Pont-de-la-Caille, Chambéry, Saint-Michel, Pontarlier, Longwy, Givet, Béhobie, Bordeaux, Saint-Malo, Nantes, Granville, Dunkerque, Boulogne, Calais et Dieppe;

Et par les douanes d'Ajaccio et d'Hendaye, qui jouissent des mêmes prérogatives, en vertu des décrets des 7 novembre 1863 et 7 septembre 1864 ;

2° Les livres en toute autre langue que française, par les mêmes bureaux et, en outre, par les bureaux de Sarreguemines, Verrières-de-Joux, Perpignan (par le Perthus), le Perthus, Caen, Rouen et Apach.

Les livres déclarés à l'entrée pourront aussi être expédiés sur le ministère de l'intérieur (division de l'imprimerie et de la librairie) pour y subir les vérifications d'usage.

ART. 10.

Les dispositions contenues dans les neuf articles qui précèdent sont applicables aux États allemands qui se sont approprié, par voie d'accession, les stipulations du Traité littéraire et artistique franco-prussein du 2 août 1862.

ART. 11.

Nos ministres secrétaires d'État aux départements de l'intérieur, des affaires étrangères, et des finances, sont chargés, chacun en ce qui le concerne, de l'exécution du présent décret,

(*Bull.* 1316, n° 13520.)

PORTUGAL.

Convention conclue, le 11 juillet 1866, entre la France et le Portugal, pour la garantie réciproque de la propriété des œuvres d'esprit et d'art.

Napoléon, par la grâce de Dieu et la volonté nationale, empereur des Français, à tous présents et à venir, salut.

Sur le rapport de notre ministre secrétaire d'Etat au département des affaires étrangères,

Avons décrété et décrétons ce qui suit :

Art. 1er. Une Convention ayant été conclue, le 11 juillet 1866, entre la France et le Portugal pour la garantie réciproque de la propriété des œuvres d'esprit et d'art, et les ratifications de cet acte ayant été échangées à Lisbonne le 15 juillet 1867, ladite Convention, dont la teneur suit, recevra sa pleine et entière exécution.

Convention.

Sa Majesté l'empereur des Français et Sa Majesté le roi du Portugal et des Algarves, également animés du désir d'adopter, d'un commun accord, les mesures qui leur ont paru les plus propres à garantir réciproquement la propriété des œuvres d'esprit et d'art, ont résolu de conclure une Convention à cet effet, et ont nommé pour leurs plénipotentiaires, savoir :

Sa Majesté l'empereur des Français, M. Nicolas-Prosper Bourée, grand officier de l'ordre impérial de la Légion d'honneur, grand-croix de l'ordre de la Tour et de l'Epée, etc., son envoyé extraordinaire et ministre plénipotentiaire près Sa Majesté le roi de Portugal et des Algarves :

Sa Majesté le roi de Portugal et des Algarves, M. Joseph-Marie de Casal Ribeiro, pair du royaume, grand-croix de l'ordre militaire du Christ, de l'ordre de Saint-Grégoire-le-Grand, etc., son ministre et secrétaire d'Etat au département des affaires étrangères ;

Lesquels, après avoir échangé leurs pleins pouvoirs, trouvés en bonne et due forme, sont convenus des articles suivants :

ARTICLE PREMIER.

Les auteurs de livres, brochures ou autres écrits, de compositions musicales ou d'arrangements de musique, d'œuvres de dessin, de peinture, de sculpture, de gravure, de lithographie et de toutes autres productions analogues du domaine littéraire ou artistique, jouiront, dans chacun des deux Etats réciproquement, des avantages qui y sont ou y seront attribués par la loi à la propriété des ouvrages de littérature ou d'art, et ils auront la même protection et le même recours légal contre toute atteinte portée à leurs droits que si cette atteinte avait été commise à l'égard d'auteurs d'ouvrages publiés pour la première fois dans le pays même.

Toutefois, ces avantages ne leur seront réciproquement assurés que pendant l'existence de leurs droits dans le pays où la publication originale a été faite, et la durée de leur jouissance dans l'autre pays ne pourra excéder celle fixée par la loi pour les auteurs nationaux.

ART. 2.

La jouissance du bénéfice de l'article 1er est subordonnée à l'accomplissement, dans le pays d'origine, des formalités qui sont prescrites par la loi pour assurer la propriété des ouvrages de littérature ou d'art.

Pour les livres, cartes, estampes, gravures ou œuvres musicales publiés pour la première fois dans l'un des deux Etats, l'exercice du droit de propriété dans l'autre Etat sera, en outre, subordonné à l'accomplissement préalable, dans ce dernier, de la formalité de l'enregistrement effectuée de la manière suivante :

Si l'ouvrage a paru pour la première fois en France, il devra être enregistré à Lisbonne, au ministère de l'intérieur;

Si l'ouvrage a paru pour la première fois en Portugal, il devra être enregistré à Paris, au ministère de l'intérieur.

L'enregistrement se fera, de part et d'autre, sur la déclaration écrite des intéressés, laquelle pourra être respectivement adressée soit aux susdits ministères, soit aux légations dans les deux pays.

Dans tous les cas, la déclaration devra être présentée dans les trois mois qui suivront la publication de l'ouvrage dans l'autre pays, pour les ouvrages publiés postérieurement à la mise en vigueur de la présente Convention, et dans les trois mois qui suivront cette mise en vigueur, pour les ouvrages publiés antérieurement.

A l'égard des ouvrages qui paraissent par livraisons, le délai de trois mois ne commencera à courir qu'à dater de la publication de la dernière livraison, à moins que l'auteur n'ait indiqué, conformément aux dispositions de l'article 5, son intention de se réserver le droit de traduction; auquel cas, chaque livraison sera considérée comme un ouvrage séparé.

La formalité de l'enregistrement qui en sera fait sur des registres spéciaux tenus à cet effet ne donnera, de part et d'autre, ouverture à la perception d'aucune taxe.

Les intéressés pourront se faire délivrer un certificat authentique de l'enregistrement; ce certificat sera délivré gratis, sauf, s'il y a lieu, les frais de timbre.

Le certificat relatera la date précise à laquelle la déclaration aura eu lieu; il fera foi dans toute l'étendue des territoires respectifs et constatera le droit exclusif de propriété et de reproduction aussi longtemps que quelque autre personne n'aura pas fait admettre en justice un droit mieux établi.

ART. 3.

Sont expressément assimilées aux ouvrages originaux les traductions faites, dans l'un des deux Etats, d'ouvrages nationaux ou étrangers. Ces traductions jouiront, à ce titre, de la protection stipulée par l'article 1er, en ce qui concerne leur reproduction non autorisée dans l'autre Etat. Il est bien entendu, toutefois, que l'objet du présent article est simplement de protéger le traducteur par rapport à la version qu'il a donnée de l'ouvrage original, et non pas de conférer le droit exclusif de traduction au premier traducteur d'un ouvrage quelconque, écrit en langue morte ou vivante, hormis le cas et les limites prévus par l'article 5.

ART. 4.

Les stipulations de l'article 1er s'appliqueront également à l'exécution ou représentation des œuvres dramatiques ou musicales publiées, exécutées ou représentées pour la première fois dans l'un des deux pays.

ART. 5.

L'auteur de tout ouvrage publié dans l'un des deux pays, qui aura entendu se réserver le droit de traduction, jouira pendant cinq années, à partir du jour de la première publication de la traduction de son ouvrage autorisée par lui dans l'idiome de l'autre pays, du privilége de protection contre la publication, dans ce même pays, de toute traduction du même ouvrage non autorisée par lui, et ce, sous les conditions suivantes :

1° L'ouvrage original sera enregistré dans l'un des deux pays sur la déclaration faite dans un délai de trois mois à partir du jour de la première publication dans l'autre pays, conformément aux dispositions de l'article 2 ;

2° Il faudra que l'auteur ait indiqué, en tête de son ouvrage, l'intention de se réserver les droits de traduction;

3° Il faudra que ladite traduction autorisée de l'ouvrage publié dans l'un des deux pays, dans l'idiome de l'autre pays, ait paru, au moins en partie, dans le délai d'un an à compter de la date de la déclaration effectuée ainsi qu'il vient d'être prescrit, et, en totalité, dans le délai de trois ans à partir de ladite déclaration;

4° La traduction devra être publiée dans l'un des deux pays et être elle-même enregistrée conformément aux dispositions de l'article 2.

Pour les ouvrages publiés par livraisons, il suffira que la déclaration de l'auteur, qu'il entend se réserver le droit de traduction, soit exprimée dans la première livraison.

Toutefois, en ce qui concerne le terme de cinq ans assigné par cet article pour l'exercice du droit privilégié de traduction, chaque livraison sera considérée comme un ouvrage séparé; chacune d'elles sera enregistrée dans l'un des deux pays, sur la déclaration faite dans les trois mois à partir de sa première publication dans l'autre.

Relativement à la traduction des ouvrages dramatiques, l'auteur de l'ouvrage publié dans l'un des deux pays qui voudra se réserver le droit exclusif dont il s'agit au présent article et celui de faire représenter sa traduction sur les théâtres de l'autre pays pendant la période de cinq années, devra publier sa traduction dans l'idiome de l'autre pays ou la faire représenter sur un théâtre de ce même pays dans les trois mois à compter de la déclaration faite aux termes de l'art. 2.

Art. 6.

Lorsque l'auteur d'une œuvre dont la propriété est garantie par la présente convention aura cédé son droit de publication ou de reproduction à un éditeur dans le territoire de chacune des hautes parties contractantes, sous la réserve que les exemplaires ou éditions de cette œuvre ainsi publiés ou reproduits ne pourront être vendus dans l'autre pays, ces exemplaires ou éditions seront respectivement considérés et traités dans ce pays comme reproduction illicite.

Les ouvrages auxquels s'applique l'article 6 seront librement admis dans les deux pays pour le transit à destination d'un pays tiers.

Art. 7.

Les mandataires légaux ou ayants cause des auteurs, traducteurs, compositeurs, dessinateurs, peintres, sculpteurs, graveurs, lithograhes, etc., jouiront réciproquement, et à tous égards, des mêmes droits que ceux que la présente Convention accorde aux auteurs, traducteurs, compositeurs, dessinateurs, peintres, sculpteurs, graveurs et lithographes eux-mêmes.

ART. 8.

Nonobstant les stipulations de la présente Convention, les articles extraits des journaux ou recueils périodiques publiés dans l'un des deux pays pourront être reproduits ou traduits dans les journaux ou recueils périodiques de l'autre pays, pourvu qu'on y indique la source à laquelle on les aura puisés.

Toutefois, cette faculté ne s'étendra pas à la reproduction, dans l'un des deux pays, des articles de journaux ou de recueils périodiques publiés dans l'autre, lorsque les auteurs auront formellement déclaré, dans le journal ou le recueil même où ils les auront fait paraître, qu'ils en interdisent la reproduction. En aucun cas, cette interdiction ne pourra atteindre les articles de discussion politique.

ART. 9.

Sera réciproquement licite la publication, dans chacun des deux pays, d'extraits ou de morceaux entiers d'ouvrages ayant paru pour la première fois dans l'autre, pourvu que ces publications soient spécialement appropriées et adaptées à l'enseignement ou à l'étude et soient accompagnées de notes explicatives ou de traductions interlinéaires et marginales dans la langue du pays où elles sont publiées.

ART. 10.

L'introduction, la vente et l'exposition, dans chacun des deux États, d'ouvrages et d'objets de reproduction non autorisée définis par les articles précédents, sont prohibées, sauf ce qui sera dit à l'article 12, soit que lesdites reproductions non autorisées proviennent de l'un des deux pays, soit qu'elles proviennent d'un pays étranger quelconque.

ART. 11.

En cas de contravention aux dispositions des articles précédents, la saisie des objets de contrefaçon sera opérée, et les tribunaux appliqueront les pénalités déterminées par les législations respectives de la même manière que si l'infraction avait été commise au préjudice d'un ouvrage ou d'une production d'origine nationale.

Les caractères constituant la contrefaçon seront déterminés par les tribunaux de l'un et de l'autre pays d'après la législation en vigueur dans chacun des deux États.

ART. 12.

La présente Convention ne pourra faire obstacle à la libre continuation de la vente, publication ou introduction, dans les États respectifs, des ouvrages qui auraient été déjà publiés en tout ou en partie dans l'un d'eux avant la mise en vigueur de la présente convention, pourvu qu'on ne puisse postérieurement faire aucune autre publication des mêmes ouvrages, ni introduire de l'étranger des exemplaires autres que ceux destinés à compléter les expéditions ou souscriptions précédemment commencées. Ce principe s'applique aussi bien aux traductions qu'aux ouvrages originaux.

Il est bien entendu qu'il ne sera pas mis obstacle à la continuation de la représentation des traductions des ouvrages dramatiques déjà représentés antérieurement à la mise en vigueur de la même Convention.

ART. 13.

Les dispositions de la présente Convention ne pourront porter préjudice, en quoi que ce soit, au droit que se réserve expressément chacun des deux États de permettre, surveiller et interdire, par des mesures de législation et de police intérieure, la circulation, la représentation ou l'expositton de tels ouvrages ou productions sur lesquels il jugera convenable de l'exercer.

ART. 14.

Pendant la durée de la prévente Convention, les objets suivants, savoir : livres brochés, en toutes langues, dessins, estampes, gravures, lithographies et photographies, cartes géographiques ou marines et atlas brochés ou reliés, musique, seront réciproquement admis en franchise de droits, sans certificats d'origine.

ART. 15.

La présente Convention entrera en vigueur à partir du jour dont les hautes parties contractantes conviendront pour son exécution simultanée, dès que la promulgation en sera faite d'après les lois particulières à chacun des deux États, lequel jour ne pourra dépasser de trois mois l'échange des ratifications.

Elle aura la durée de douze ans comme le traité de commerce et de navigation conclu entre le Portugal et la France sous la date de ce jour.

Si elle n'est pas dénoncée un an avant l'expiration de ce terme, elle continuera d'être en vigueur jusqu'à ce que l'une des hautes parties contractantes ait annoncé à l'autre son intention d'en faire cesser les effets, et pendant une année encore à partir du jour où cette notification aura été faite.

ART. 16.

La présente Convention sera ratifiée, et les ratifications en seront échangées à Lisbonne en même temps que celles du Traité précité.

En foi de quoi les plénipotentiaires respectifs l'ont signée et y ont apposé le cachet de leurs armes.

Fait à Lisbonne, en double original, le 11 juillet 1866.

(*L. S.*) P. BOURÉE.

(*L. S.*) JOSE-MARIA DO CASAL RIBEIRO.

ART. 2. Notre ministre secrétaire d'État au département des affaires étrangères est chargé de l'exécution du présent décret.

Fait à Paris, le 27 juillet 1867.

NAPOLÉON.

Par l'Empereur :

Le ministre des affaires étrangères,

MOUSTIER.

(*Bulletin des lois*, XIe Série, N° 1521, 23 août 1867.)

AUTRICHE.

—

Convention conclue, le 11 décembre 1866, entre la France et l'Autriche, pour la garantie réciproque de la propriété des œuvres d'esprit et d'art.

NAPOLÉON, par la grâce de Dieu et la volonté nationale, empereur des Français, à tous présents et à venir, salut :

Sur le rapport de notre ministre secrétaire d'État au département des affaires étrangères,

Avons décrété et décrétons ce qui suit :

ARTICLE PREMIER.

Une convention ayant été conclue à Vienne le 11 décembre 1866, entre la France et l'Autriche, pour la garantie réciproque de la propriété des œuvres d'esprit et d'art, et les ratifications de cet acte ayant été échangées le 18 du même mois de décembre, ladite convention, dont la teneur suit, recevra sa pleine et entière exécution.

Convention.

Sa Majesté l'empereur des Français et Sa Majesté l'empereur d'Autriche, également animés du désir d'adopter, d'un commun accord, les mesures qui leur ont paru les plus propres à garantir réciproquement la propriété des œuvres d'esprit et d'art, ont résolu de conclure une convention à cet effet, et ont nommé pour leurs plénipotentiaires :

Sa Majesté l'empereur des Français, M. le duc de Gramont (Antoine-Alfred-Agénor), son ambassadeur près Sa Majesté Impériale et Royale Apostolique, grand-croix de son ordre impérial de la Légion d'honneur, etc.;

Et M. Herbet (Charles-François-Edouard), ministre plénipotentiaire de première classe, conseiller d'État, directeur des consulats et affaires commerciales au département des affaires étrangères, grand officier de l'ordre impérial de la Légion d'honneur, etc. ;

Et Sa Majesté l'empereur d'Autriche, M. le baron de Beust (Frédéric-Ferdinand), son conseiller intime, ministre de sa maison et des affaires étrangères, grand-croix des ordres de Saint-Etienne et de Léopold, grand-croix de l'ordre impérial de la Légion d'honneur, etc.;

Et M. le baron de Wüllerstorf et Urbair (Bernard), contre-amiral, son conseiller intime, ministre du commerce et de l'industrie, chevalier de l'ordre de la Couronne de fer de deuxième classe, etc.,

Lesquels, après avoir échangé leurs pleins pouvoirs respectifs, trouvés en bonne et due forme, sont convenus des articles suivants :

ARTICLE PREMIER.

Les auteurs de livres, brochures ou autres écrits, de compositions musicales ou d'arrangements de musique, d'œuvres de dessin, de peinture, de sculpture, de gravure, de lithographie et de toutes autres productions analogues du domaine littéraire ou artistique, jouiront, dans chacun des deux États réciproquement, des avantages qui y sont ou y seront attribués par la loi à la propriété des ouvrages de littérature ou d'art, et ils auront la même protection et le même recours légal contre toute atteinte portée à leurs droits que si cette atteinte avait été commise à l'égard d'auteurs d'ouvrages publiés pour la première fois dans le pays même.

Toutefois, ces avantages ne leur seront réciproquement assurés que pendant l'existence de leurs droits dans le pays où la publication originale a été faite, et la durée de leur jouissance dans l'autre pays ne pourra excéder celle fixée par la loi pour les auteurs nationaux.

Art. 2.

La jouissance des bénéfices de l'article 1er est subordonnée à l'accomplissement, dans le pays d'origine, des formalités qui sont prescrites par la loi pour assurer la propriété des ouvrages de littérature ou d'art.

Pour les livres, cartes, estampes, gravures, lithographies ou œuvres musicales publiées pour la première fois dans l'un des deux États, l'exercice du droit de propriété dans l'autre État sera, en outre, subordonné à l'accomplissement préalable, dans ce dernier, de la formalité de l'enregistrement effectuée de la manière suivante :

Si l'ouvrage a paru pour la première fois en Autriche, il devra être enregistré à Paris au ministère de l'intérieur.

Si l'ouvrage a paru pour la première fois en France, il devra être enregistré à Vienne au ministère des affaires étrangères.

L'enregistrement se fera, de part et d'autre, sur la déclaration écrite des intéressés, laquelle pourra être respectivement adressée soit auxdits ministères, soit aux missions diplomatiques des deux pays.

Dans tous les cas, la déclaration devra être présentée dans les trois mois qui suivront la publication de l'ouvrage dans l'autre pays, pour les ouvrages publiés postérieurement à la mise en vigueur de la présente convention, et dans les trois mois qui suivront cette mise en vigueur, pour les ouvrages publiés antérieurement.

A l'égard des ouvrages qui paraissent par livraisons, le délai de trois mois ne commencera à courir qu'à dater de la publication de la dernière livraison, à moins que l'auteur n'ait indiqué, conformément aux dispositions de l'article 5, son intention de se réserver le droit de traduction, auquel cas chaque livraison sera considérée comme un ouvrage séparé.

La formalité de l'enregistrement qui en sera fait sur des registres principaux tenus à cet effet ne donnera, de part et d'autre, ouverture à la perception d'aucune taxe.

Les intéressés recevront un certificat authentique de l'enregistrement; ce certificat sera délivré gratis, sauf, s'il y a lieu, les frais de timbre.

Le certificat relatera la date précise à laquelle la déclaration aura eu lieu. Il contiendra le titre de l'ouvrage, le nom de l'auteur et de l'éditeur, et toutes indications requises pour constater l'identité de l'ouvrage. Il fera foi dans toute l'étendue des territoires respectifs et constatera le droit exclusif de propriété et de reproduction aussi longtemps que quelque autre personne n'aura pas fait admettre en justice un droit mieux établi.

ART. 3.

Les stipulations de l'art. 1er s'appliqueront également à l'exécution ou représentation des œuvres dramatiques ou musicales publiées, exécutées ou représentées pour la première fois dans l'un des deux pays après la mise en vigueur de la présente convention.

ART. 4.

Sont expressément assimilées aux ouvrages originaux les traductions faites, dans l'un des deux États, d'ouvrages nationaux ou étrangers. Ces traductions jouiront, à ce titre, de la protection stipulée par l'article 1er, en ce qui concerne leur reproduction non autorisée dans l'autre État. Il est bien entendu, toutefois, que l'objet du présent article est simplement de protéger le traducteur par rapport à la version qu'il a donnée de l'ouvrage original, et non pas de conférer le droit exclusif de traduction au premier traducteur d'un ouvrage quelconque écrit en langue morte ou vivante, hormis le cas et les limites prévus par l'article ci-après.

ART. 5.

L'auteur de tout ouvrage publié dans l'un des deux pays jouira de la même protection que les auteurs nationaux contre la publication, dans l'autre pays, de toute traduction du même ouvrage non autorisée par lui, sous la condition, toutefois, d'avoir indiqué en tête de son ouvrage son intention de se réserver le droit de traduction.

Pour les ouvrages publiés par livraisons, il suffira que la déclaration de l'auteur, qu'il entend se réserver le droit de traduction, soit exprimée sur la première livraison de chaque volume.

Les auteurs d'ouvrages dramatiques jouiront réciproquement des mêmes droits relativement à la traduction ou la représentation des traductions de leurs ouvrages.

ART. 6.

Lorsque l'auteur d'une œuvre spécifiée dans l'article 1er aura cédé son droit de publication ou de reproduction à un éditeur dans le territoire de l'une ou l'autre des hautes parties contractantes, sous la réserve que les exemplaires ou éditions de cette œuvre ainsi publiés ou reproduits ne pourront être vendus dans l'autre pays, ces exemplaires ou éditions seront respectivement considérés comme reproduction illicite.

Les ouvrages auxquels s'applique l'article 6 seront librement admis dans les deux pays pour le transit à destination d'un pays tiers.

ART. 7.

Les mandataires légaux ou ayants cause des auteurs, traducteurs, compositeurs, dessinateurs, peintres, sculpteurs, graveurs, lithographes, etc., jouiront réciproquement, et à tous égards, des mêmes droits que ceux que la présente Convention accorde aux auteurs traducteurs, compositeurs, dessinateurs, peintres, sculpteurs, graveurs, et lithographes eux-mêmes.

ART. 8.

Nonobstant les stipulations des articles 1 et 4 de la présente convention, les articles extraits des journaux ou recueils périodiques publiés dans l'un des deux pays pourront être reproduits ou traduits dans les journaux ou recueils périodiques de l'autre pays, pourvu qu'on y indique la source à laquelle on les aura puisés. Toutefois, cette faculté ne s'étendra pas à la reproduction ou traduction, dans l'un des deux pays, des articles de journaux ou de recueils périodiques publiés dans l'autre, lorsque les auteurs auront formellement déclaré, dans le journal ou le recueil même où ils les auront fait paraître, qu'ils en interdisent la reproduction ou la traduction. En aucun cas, cette interdiction ne pourra atteindre les articles de discussion politique.

ART. 9.

La vente et l'exposition, dans chacun des deux États, d'ouvrages ou d'objets de reproduction non autorisée, définis par les articles 1, 2, 3, 4 et 5, sont prohibées, sauf ce qui est dit à l'article 11, soit que lesdites reproductions non autorisées proviennent de l'un des deux pays, soit qu'elles proviennent d'un pays étranger quelconque.

ART. 10.

En cas de contravention aux dispositions des articles précédents, la saisie des objets de contrefaçon sera opérée, et les tribunaux appliqueront les peines déterminées par les législations respectives, de la même manière que si l'infraction avait été commise au préjudice d'un ouvrage ou d'une production d'origine nationale.

Les caractères constituant la contrefaçon seront déterminés par les tribunaux de l'un ou de l'autre pays, d'après la législation en vigueur dans chacun des deux États.

ART. 11.

Les deux gouvernements prendront, par voie de règlement d'administration publique, les mesures nécessaires pour prévenir toute difficulté ou complication à raison de la possession et de la vente par les éditeurs, imprimeurs ou libraires de l'un ou de l'autre des deux pays, de réimpressions d'ouvrages de propriété des sujets respectifs et non tombés dans le domaine public, fabriqués ou importés par eux antérieurement à la mise en vigueur de la présente convention, ou en cours de fabrication et de réimpression non autorisée au moment de la mise en vigueur de la présente convention.

Ces règlements s'appliqueront également aux clichés, bois et planches gravées de toute sorte, ainsi qu'aux pierres lithographiques existant en magasin chez les éditeurs ou imprimeurs français ou autrichiens, et constituant une reproduction non autorisée de modèles français ou autrichiens. Toutefois, ces clichés, bois et planches gravées de toute sorte, ainsi que les pierres lithographiques, ne pourront être utilisés que pendant quatre ans, à dater de la mise en vigueur de la présente convention.

ART. 12.

Pendant la durée de la présente convention, les objets suivants, savoir : livres en toutes langues, estampes, gravures, lithographies et photographies, cartes géographiques ou marines, musique, planches gravées en acier, cuivre ou bois, et pierres lithographiques couvertes de dessins, gravures ou écritures, destinées à l'impression sur papier, tableaux et dessins, seront réciproquement admis en franchise de droits, sans certificats d'origine.

ART. 13.

Les livres d'importation licite venant d'Autriche seront admis en France, tant à l'entrée qu'au transit direct ou pour entrepôt, savoir :

1° Les livres en langue française, par les bureaux de Forbach, Wissembourg, Strasbourg, Pontarlier, Bellegarde, le Pont-de-la-Caille, Saint-Jean-de-Maurienne, Chambéry, Nice, Marseille, Bayonne, Saint-Nazaire, le Havre, Lille, Valenciennes, Thionville et Bastia;

2° Les livres en toute autres langue que française, par les mêmes bureaux, et en outre par les bureaux de Sarreguemines, Saint-Louis, les Verrières-de-Joux, Perpignan (par le Perthus), le Perthus, Béhobie, Bordeaux, Nantes, Saint-Malo, Caen, Rouen, Dieppe, Boulogne, Calais, Dunkerque, Apach et Ajaccio.

Sans préjudice, toutefois, des autres bureaux qui pourraient être ultérieurement désignés pour le même effet.

En Autriche, les livres d'importation licite venant de France seront admis par tous les bureaux principaux de douane et par les bureaux secondaires de première classe.

ART. 14.

Les dispositions de la présente convention ne pourront porter préjudice, en quoi que ce soit, au droit qui appartient à chacune des deux hautes parties contractantes de permettre, de surveiller ou d'interdire, par des mesures de législation ou de police intérieure la circulation, la représentation ou l'exposition de tout ouvrage ou production à l'égard desquels l'autorité compétente aurait à exercer ce droit.

Le présente convention ne portera aucune atteinte au droit de l'une ou de l'autre des deux hautes parties contractantes de prohiber l'importation dans ses propres États des livres qui, d'après ses lois intérieures ou des stipulations souscrites avec d'autres puissances, sont ou seraient déclarés être des contrefaçons.

ART. 15.

La présente convention entrera en vigueur en même temps que le traité de commerce conclu, sous la date de ce jour, par les hautes parties contractantes, et aura la même durée (1).

ART. 16.

La présente convention sera ratifiée, et les ratifications en seront échangées à Vienne, en même temps que celles du traité de commerce précité.

En foi de quoi les plénipotentiaires respectifs ont signé la présente convention et l'ont revêtue du cachet de leurs armes.

Fait à Vienne, en double expédition, le 11 décembre de l'an de grâce 1866.

(*L. S.*) GRAMONT.

(*L. S.*) ÉD. HERBET.

(*L. S.*) BEUST.

(*L. S.*) WÜLLERSTORF.

(1). Aux termes de l'article 16 du traité de commerce conclu le 11 décembre 1866, la présente convention restera en vigueur pendant dix années, à partir du 1er janvier 1867. Dans le cas où aucune des deux hautes parties contractantes n'aurait notifié, douze mois avant la fin de ladite période, son intention d'en faire cesser les effets, il demeurera obligatoire jusqu'à l'expiration d'une année, à partir du jour où l'une ou l'autre des hautes parties contractantes l'aura dénoncé.

Art. 2.

Notre ministre secrétaire d'État au département des affaires étrangères est chargé de l'exécution du présent décret.

Fait à Paris le 19 décembre 1866.

Napoléon.

Par l'Empereur :

Le ministre des affaires étrangères,
Moustier.

(*Bulletin des lois*, XIe Série, N° 1447, 27 décembre 1866.)

ÉTATS PONTIFICAUX.

Convention conclue, le 14 juillet 1867, entre la France et les États pontificaux, pour la garantie réciproque de la propriété des œuvres d'esprit et d'art.

Napoléon, par la grâce de Dieu et la volonté nationale, empereur des Français, à tous présents et à venir, salut :

Sur le rapport de notre ministre secrétaire d'État au département des affaires étrangères,

Avons décrété et décrétons ce qui suit :

Art. 1er. Une convention ayant été conclue, le 14 juillet 1867, entre la France et les États pontificaux, pour la garantie réciproque de la propriété des œuvres d'esprit et d'art, et les ratifications de cet acte ayant été échangées à Paris, le 31 octobre 1867, ladite convention, dont la teneur suit, recevra sa pleine et entière exécution.

Convention.

Au nom de la Très-Sainte Trinité, Sa Majesté Napoléon III, empereur des Français, et Sa Sainteté Pie IX, désirant assurer la garantie réciproque, dans les États pontificaux et en France, de la propriété des œuvres d'esprit et d'art, ont résolu de conclure à cet effet une convention spéciale et ont nommé pour leurs plénipotentiaires, savoir :

Sa Majesté l'empereur des Français, Son Excellence M. le comte Eugène de Sartiges, grand-officier de l'ordre impérial de la Légion d'honneur, grand-croix de l'ordre pontifical de Pie IX, etc., son ambassadeur près le Saint-Siége ;

Et Sa Sainteté Pie IX, Son Éminence le cardinal Jacques Antonelli, son secrétaire d'État ;

Lesquels, après s'être communiqué leurs pleins pouvoirs respectifs, trouvés en bonne et due forme, sont convenus des articles suivants :

ARTICLE PREMIER.

Les auteurs de livres, brochures ou autres écrits, de compositions musicales, d'œuvres de dessin, de peinture, de sculpture, de gravure, de lithographie, de photographie et de toutes autres productions analogues du domaine littéraire ou artistique, ou leurs mandataires légaux et ayants cause, jouiront réciproquement, dans chacun des deux États, des avantages qui y sont ou y seront attribués par la loi à la propriété des ouvrages de littérature ou d'art, et ils auront, contre toute atteinte portée à leurs droits, la même protection et le même recours légal que si cette atteinte s'adressait aux auteurs d'ouvrages publiés pour la première fois dans le pays même.

Toutefois, ces avantages ne leur seront réciproquement assurés que durant l'existence de leurs droits dans le pays où la publication originale a été faite, et la durée de leur jouissance dans l'autre pays ne pourra excéder celle fixée par la loi pour les auteurs nationaux.

La propriété des œuvres musicales s'étend aux morceaux dit *arrangements*, composés sur des motifs extraits de ces mêmes œuvres. Les contestations qui s'élèveraient sur l'application de cette clause demeureront réservées à l'appréciation des tribunaux respectifs.

Tout privilége ou avantage qui serait accordé ultérieurement à un autre pays par l'un des deux pays contractants, en matière de propriété d'œuvre de littérature ou d'art dont la définition est donnée dans le présent article, sera acquis de plein droit aux citoyens de l'autre.

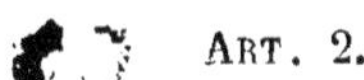

ART. 2.

Pour assurer à tous les ouvrages d'esprit ou d'art la protection stipulée dans l'article précédent et pour que les auteurs ou éditeurs de ces ouvrages soient admis, en conséquence, à exercer devant les tribunaux des deux pays des poursuites contre les contrefaçons, il suffira que lesdits auteurs ou éditeurs justifient de leurs droits de propriété en établissant, par un certificat de l'autorité publique compétente en chaque pays, que l'ouvrage en question est une œuvre originale qui, dans le pays où elle a été publiée, jouit de la protection légale contre la contrefaçon ou la reproduction illicite.

Pour les ouvrages publiés en France, ce certificat sera délivré par le bureau du dépôt légal et de la propriété littéraire au ministère de l'intérieur et légalisé par la nonciature de Rome à Paris ; pour les ouvrages publiés dans les États pontificaux, il sera délivré par la secrétairerie d'État de Sa Sainteté et légalisé par l'ambassade de l'Empereur à Rome.

ART. 3.

La traduction faite, dans l'un des deux États, d'un ouvrage publié dans l'autre État est assimilée à sa reproduction et comprise dans les dispositions de l'article 1er, pourvu que l'auteur, en faisant paraître son ouvrage, ait notifié au public qu'il entend le faire traduire lui-même, et que la traduction ait été publiée, au moins en partie, dans le délai d'un an, à partir de la publication du texte original.

ART. 4.

Sont expressément assimilées aux ouvrages originaux les traductions faites, dans l'un des deux États, d'ouvrages nationaux ou étrangers. Ces traductions jouiront, à ce titre, de la protection stipulée par l'article 1er, en ce qui concerne leur reproduction non autorisée dans l'autre État, sans conférer, toutefois, au premier traducteur le droit exclusif de traduction.

ART. 5.

Les stipulations contenues dans l'article 1er s'appliquent également à la représentation et à l'exécution, en original ou en traduction, des œuvres dramatiques ou musicales exécutées ou représentées, pour la première fois, sur les territoires respectifs, après la mise en vigueur de la présente convention.

ART. 6.

Nonobstant les stipulations des articles 1er, 3 et 4 de la présente convention, les articles extraits des journaux ou recueils périodiques publiés par l'un des deux pays pourront être reproduits ou traduits dans les journaux ou recueils périodiques de l'autre pays, pourvu qu'on y indique la source à laquelle on les aura puisés, à moins que les auteurs n'aient formellement déclaré, dans le journal ou dans le recueil même où ils auront fait paraître ces articles, qu'ils en interdisent la reproduction. En aucun cas cette interdiction ne pourra atteindre les articles de discussion politique.

ART. 7.

L'introduction, l'exportation, le transit, la vente et l'exposition, dans chacun des deux États, d'ouvrages ou objets dont la reproduction n'est pas autorisée, définis dans les articles 1er, 3, 4, sont prohibés, soit que les reproductions non autorisées proviennent de l'un des deux pays, soit qu'elles proviennent d'un pays étranger quelconque, sous les peines portées par la législation en vigueur dans chacun des deux États.

ART. 8.

Les dispositions de la présente convention ne pourront porter préjudice, en quoi que ce soit, au droit qui appartient à chacune des deux hautes parties contractantes de permettre, de surveiller ou d'interdire, selon les règles établies ou à établir, par des mesures de législation ou de police intérieure, ou de censure, là où elle existe, la circulation, la représentation ou l'exposition de tout ouvrage ou production à l'égard desquels l'autorité compétente aurait à exercer ce droit.

Chacune des deux hautes parties contractantes conserve, d'ailleurs, le droit de prohiber l'importation dans ses propres États des livres qui, d'après ses lois intérieures ou des stipulations souscrites avec d'autres puissances, sont ou seraient déclarés être des contrefaçons.

ART. 9.

La présente convention demeurera en vigueur pendant douze années, à partir du jour de l'échange des ratifications. Dans le cas où aucune des deux hautes parties contractantes n'aurait notifié, une année avant l'expiration de ce terme, son intention d'en faire cesser les effets, la convention continuera à être obligatoire encore une année, et ainsi de suite, d'année en année, jusqu'à l'expiration d'une année, à partir du jour où l'une des parties l'aura dénoncée.

ART. 10.

La présente convention sera ratifiée et les ratifications en seront échangées à Paris dans le délai de deux mois, ou plus tôt, si faire se peut.

En foi de quoi, les plénipotentiaires respectifs l'ont signée et y ont apposé le cachet de leurs armes.

Fait à Rome, en double original, le 14 du mois de juillet 1867.

(*L. S.*) SARTIGES.

(*L. S.*) ANTONELLI.

ART. 2.

Notre ministre secrétaire d'État au département des affaires étrangères est chargé de l'exécution du présent décret.

Fait au palais de Saint-Cloud, le 5 novembre 1867.

NAPOLÉON.

Par l'Empereur :

Le ministre des affaires étrangères,

MOUSTIER.

(*Bulletin des lois,* XIe Série, N° 1539, 9 novembre 1867.)

TABLE DES MATIÈRES

Paris.—Imp. FÉLIX MALTESTE et Ce, rue des Deux-Portes-St-Sauveur, 22.

www.ingramcontent.com/pod-product-compliance
Ingram Content Group UK Ltd.
Pitfield, Milton Keynes, MK11 3LW, UK
UKHW022101260726
13993UKWH00001B/251